Joseph Peter

Von Küchenluft und Frauenduft

Ein Weltkoch packt aus

Bearbeitet von
Marc Tügel

Mit persönlichen Rezepten
und 31 Abbildungen

PIPER
MÜNCHEN BERLIN ZÜRICH

ISBN 978-3-492-05714-1
© Piper Verlag GmbH, München/Berlin 2015
Layout und Satz: www.buero-beck.com
Druck und Bindung: Kösel, Krugzell
Printed in Germany

Inhalt

Vorwort 9

Gene und Gerüche 11
Kindertage
    Schwammerl und Forellen 12
    Knochen geben Geschmack 14
    Der erste Kuss: Nichts als Ekel 18

Austern und Affen-Frack 21
Die Lehrjahre in Garmisch
    Maul halten und dienen 22
    Das erste Mädel in der Bude 25
    Das Pferd hat keine Galle 28
    Eine Silbermedaille für den Lehrling 30
    Der Tote vor der Schwingtür 31

Raclette, Rösti und Romanzen 33
Saisonverträge in der Schweiz
    Todesängste in der Kühlkammer 38
    Liveszene aus dem Hitchcock-Film 41
    Mindestens zehn Gewürze 42
    Gourmet-Freuden mit geschmolzenem Käse 47
    Salat in feinsten Streifen 49
    Feinste französische Lebensart 50
    Ein Menü für Charlie Chaplin 51
    Wein erzeugt größere Glücksgefühle 52
    Meine erste Begegnung mit Koriander 55
    Roti-Köche und Strudelteig 56

    Der Erhängte ist verschwunden 58
    Handfeste Schlägereien 60

Terroristen und Turkey-Dinner 61
Eine Saison in Brüssel
    Ein flügelschlagender Japaner 62
    Das Geheimnis der schwarzen Barbara 63
    »Du musst weg aus Europa ...« 68

Staatschefs und Couscous 69
Intermezzo in Tunis
    Immer die Hand am Colt 70
    Versöhnlicher Abschied: Die Tajine 74

Fischmarkt und Früchteschnitzer 75
Zwei Jahre in Bahrain
    Der Teller fliegt in die Luft 76
    80 verschiedene Vorspeisen 78
    Verschleierte stürmen das Büfett 79
    Die Entstehung des Pfirsich Melba 82
    Drei Bierdosen auf dem Rücksitz 83

Mouclade und Matrosensoße 87
Zwischenspiel in La Rochelle
    Der Fleischmarkt als Notlüge 89
    Es muss nicht immer Weißwein sein 92

Feldjäger und Hundefutter 95
Auf Umwegen von Bahrain nach Venezuela
    Ein winziges Hintertürchen 97

Maisküchlein und Transvestiten 99
Abenteuerliche Jahre in Venezuela
    Grundregeln fürs Überleben 100
    Dauertrinker und Küchenkrüppel 103
    Ein Direktor, der nicht mehr stehen kann 107
    Santana setzt sich einen Schuss 108
    13 Kilogramm schwere Langusten 109

Blickstarre aufs Dekolleté 112
Warum die Piranhas sterben mussten 114
Eine Schlange beendet die Party 116
Ein Pilot als reitende Jungfrau 119

Table Dance und Chilischoten 121
Als Executive Souschef in Bangkok
Krieg zwischen Franzosen und Japanern 123
Liveshows für Hartgesottene 126
Otaki kehrt zurück 128

Schmiergeld und Kalbskrone 133
Als Küchenchef im »Bangkok Hilton«
Seelenverwandtschaft mit Khun Binich 134
Statt Preisgeld ein Servierwagen 137
Der Zündfunke meiner Kochschule 139
Ein Römer auf dem Motorrad 142
Verführung mit Kupplung und Gas 144
Der Todesstrafe entkommen 147
Himmel der Aromen 148

Herrentäschchen und Portweingrab 153
Hommage an einen großen Feuerkünstler
Ein nervöser Wasserbüffel 155

Lady in Mousse und Mushroom-Kuchen 157
Geburtstagsfest eines Erotomanen
Die Schokolade rutscht von der Haut 159
Der Kuchen verschwindet unterm Tisch 161

Piraten und kalte Platten 163
Eine gefährliche und eine triumphale Reise
Mit Mini-Budget zur Koch-Olympiade 167
Ein Empfang wie für Fußball-Weltmeister 169

Visumstress und Jumbo-Muscheln 171
Erfahrungen in Australien und Neuseeland
Jakobsmuscheln mit Pommes 173

Keine Forelle auf der Speisekarte 174
Immer wieder Schlangen 176
Ein schnelles Menü für den Außenminister 179

Aggressive Schlepper und kriminelle Polizisten 181
Über meine Begabung, immer wieder in Lebensgefahr zu geraten
Gasexplosion gegen die Konkurrenz 184

Viel Zeit und wenig Lob 187
Erfahrungen im Umgang mit Asiaten
Warum ich keine thailändische Ehefrau habe 189
Ein Mord, um Spielschulden zu begleichen 191

Frauenhass und Haifischflossen 193
Der Abschied von Thailand
Suppentopf für einen halben Monatslohn 194
Entscheidung im Kloster 195

Ethno-Food statt Biertresen 199
Die Idee vom eigenen Restaurant
Asia-Küche im Biergarten 201

Schoßhündchen und Nasenflügel 205
Das »Mangostin« geht an den Start

Wachstum und Wandel 209
Das nächste Buch kommt bestimmt!

Rezepte 213

Bildnachweis 214

Vorwort

Kochen, das ist der älteste Beruf der Menschheit – und für mich immer noch der schönste! Spätestens seit der Bändigung des Feuers versucht der Homo erectus, die Nahrung, die er gesammelt oder erjagt hat, zu verfeinern, schmackhaft und bekömmlich zu machen, um das eigene Hungergefühl komfortabel zu stillen und andere mit seinem Können zu beeindrucken. Was dabei herauskommt, ist so vielfältig wie die Menschen selbst. Jede Region, jede Kultur hat ihre eigene Küche. Lebensmittel und Gewürze, Zubereitungsarten und Essgewohnheiten finden sich rund um den Erdball in unendlich vielen Varianten. Und auch der Beruf des Kochs, der sein Wissen und Können einsetzt, um anderen den Gaumen zu kitzeln, wird ganz unterschiedlich wahrgenommen. In manchen Ländern ist er ein schlichter Dienstleister am unteren Ende der sozialen Rangordnung, in anderen kann er Karriere machen und avanciert zum gefeierten Medienstar.

Seit ich in frühen Kindertagen meiner Mutter, einer begnadeten Köchin, zur Hand gegangen bin und mir in ihrer Küche die vielfältigen Aromen aus Töpfen und Bratrohr in die Nase stiegen, hat mich die

Im zarten Alter von einem Jahr, nur mit einem Hemdchen bekleidet.

Faszination für das Kochen nicht mehr losgelassen. Ich wusste quasi von klein auf, dass ich Koch werden wollte, und so habe ich den Beruf von der Pike auf gelernt. Ich kenne Restaurantküchen in der Schweiz und in Venezuela, in Bahrain und in Bangkok, ich habe von den prominentesten Küchenchefs ebenso gelernt wie von den Garköchen an der Silom Road, ich habe für Staatsmänner und Könige, für Sportler und Schauspieler gekocht, ich war in meinem Beruf ein Star und ein armer Hund. Wo immer sich die Chance bot, um eine Erfahrung reicher zu werden, habe ich mit beiden Händen zugegriffen.

Was sich daraus an zahllosen Glücksmomenten und bisweilen auch herben Enttäuschungen entwickelt hat, davon soll hier die Rede sein. Aber mein Bericht wäre unvollständig, wenn ich nicht bisweilen auch von meiner zweiten großen Leidenschaft erzählte: den Frauen. Gutes Essen befriedigt ein Grundbedürfnis des Menschen, die Liebe ein anderes. Ich bin in meinem Leben kein Kostverächter gewesen, habe in jungen Jahren nichts anbrennen lassen und mich in manche Schwierigkeit gebracht, weil mir ein Weiberrock wichtiger war als Sitte und Anstand, wie sie meine Lehrherren erwarteten.

Dass ich es dabei (fast) immer leicht gehabt habe, liegt vielleicht auch daran, dass der Beruf des Kochs auf viele Frauen einen ganz besonderen Reiz ausübt. Der sensible Umgang mit Produkten, das strahlend weiße Outfit und nicht zuletzt seine Aufgabe, anderen Menschen zu purem Genuss zu verhelfen, verleiht ihm eine gewisse Erotik – und die wusste ich mir häufig zunutze zu machen.

Wer in der Küche und im Liebesleben mit einer solchen Leidenschaft zur Sache geht, der erlebt Freud und Leid in seiner ganzen Bandbreite. Ich bin als stolzer Pfau durchs Leben gelaufen, als beleidigter Puter und als gerupftes Huhn. Ich habe gelernt, dass Kochen keine Kunst ist, sondern ein achtbares Handwerk, in dem man mit immerwährendem Lernen, mit Fleiß und Disziplin eine gewisse Meisterschaft erreichen kann. Und ich habe heute meinen Platz gefunden als Chef eines Restaurants, in dem ich das leben kann, was mir als Quintessenz geblieben ist: Kochen mit Kultur, Kochsein als Verwandler bester Zutaten und Starthelfer zu kulinarischen Höhenflügen.

Es war ein weiter Weg, bis ich dort angekommen bin. Über seine vielen Stationen und Stolpersteine, über mühsame Anstiege, faszinierende Ausblicke und herrliche Rastplätze will ich Ihnen in diesem Buch erzählen.

Gene und Gerüche

Kindertage

Mutter Köchin, Großmutter Köchin – vielleicht war mir mein Traumberuf wirklich schon in die Wiege gelegt, als ich am 3. Mai 1958 in der Münchner Maistraße das Licht der Welt erblickte. Meine Eltern, Maria Peter, eine geborene Epple, und ihr Mann Josef, arbeiteten hart. Sie bewirtschafteten die »Ludwigshöhe«, ein Anwesen in Fürstenfeldbruck mit kleiner Landwirtschaft und sieben Reitpferden im Stall. Vater war für alles im Haus und auf den Feldern zuständig, aber das Refugium meiner Mutter war die Küche. Auch ich habe mich dort am liebsten aufgehalten und ihr beim Kochen zugeschaut.

Die ersten Erinnerungen, die ich an meine frühe Jugend habe, sind untrennbar mit Gerüchen verbunden. Wenn auf dem Speiseplan Milchreis oder der wunderbare Reisauflauf meiner Mutter stand, dann ließ mir der feine Duft das Wasser im Mund zusammenlaufen, und wenn in der Fastenzeit ihre Karthäuser-Klöße mit Weinschaumsoße auf den Tisch kamen, dann gab es für mich kein Halten mehr.

Soßen, die waren ihre große Spezialität. In einer riesigen Reine wurden die Knochen dafür im Ofen geröstet und wieder und wieder angegossen. Wenn sie dann, nach etwa einer Woche (!), aus dem Ofen geräumt wurden, dann erinnerte der Anblick an die Reste im Krematorium, aber die Jus, die daraus entstand, hatte ein intensives, wunderbares Aroma. Vieles, was ich später bei großen Köchen in edlen Restaurants erlebt habe, ließ mich mit Wehmut an diese unvergleichliche, mit ebenso viel Handarbeit wie Geduld hergestellte Soßengrundlage meiner Mutter zurückdenken.

Mit sechs Jahren kam ich in die Schule, aber ich konnte dieser Institution von vorneherein nicht viel abgewinnen. Zu Hause hatte niemand Zeit, sich um meine Hausaufgaben zu kümmern, dafür gab es dort unzählige Verführungen, die mir allesamt wichtiger waren, als zu lernen, und wenn meine Mutter mich aufforderte: »Joseph, kannst du mir in der Küche ein wenig zur Hand gehen?«, dann legte ich die Schulhefte dafür nur zu gerne beiseite. Die wichtigsten Hausaufgaben schrieb ich vor Unterrichtsbeginn morgens auf dem Schulklo von einem Spezl ab, und so lavierte ich mich mit mäßigem Erfolg und minimalem Aufwand durch die ersten Jahre.

Fernsehen war für mich eigentlich kein großes Thema, aber von einer Sendung verpasste ich keine Folge: *Die Reisen des Thor Heyerdahl*. An seinen Abenteuern und den Bildern von der Südsee, wo Kokospalmen sich im Wind wiegten, konnte ich mich nicht sattsehen. Diese weite Welt erschien mir – dem Buben vom Land – schlechterdings unerreichbar. Dass gerade das Kochen mir später Wege in alle Erdteile ebnen würde, hätte ich damals nie für möglich gehalten.

Dabei ergab sich ein Schritt in Richtung große, weite Welt schon wenig später: Die Eltern verließen die Landwirtschaft und übernahmen die »Klostergaststätte« in Fürstenfeldbruck. Meine Mutter konnte damit ihr Potenzial als Köchin besser ausschöpfen, und ich stieg mit Freude in den neuen Aufgabenbereich ein. Auf gestapelten Bierträgern stand ich hinter dem Tresen und bediente den Zapfhahn, ich schuftete in der Küche, und mit zwölf Jahren zog ich mir die erste schwere Verletzung zu, als ich mir mit dem Knochenbeil fast den linken Daumen abhackte.

Schwammerl und Forellen

Allzu viel warf die Klosterwirtschaft nicht ab, und so war es selbstverständlich, dass wir die Grundnahrungsmittel am liebsten dort holten, wo sie nichts kosteten. Mein Vater war ein begnadeter Schwammerlsucher und nahm mich oft mit in den Wald. Auf den langen Wegen gab es immer wieder Diskussionen über meine spätere Berufswahl, aber mein Entschluss stand fest: Ich musste Koch werden. Vater hatte nichts dagegen, und meine Mutter war nicht nur stolz darauf, sondern gab mir mit Freude alles mit, was sie selbst an Wissen und praktischer Erfahrung in langen Berufsjahren gesammelt hatte. So konnten wir die Schwammerlsuche ohne lange

Reisauflauf à la Mama

als Hauptgericht für vier oder als Dessert für bis zu acht Personen

Das braucht man

1 l Milch
250 g Rundkornreis oder italienischen Risotto-Reis
4 Eier
100 g Butter
½ Vanilleschote
200 g Zucker
½ unbehandelte Zitrone
50 g in Rum eingeweichte Rosinen
etwas Puderzucker zum Bestreuen

So wird's gemacht

- Den Reis in einem Sieb unter fließendem Wasser kurz waschen.

- Milch mit dem Reis, der Hälfte des Zuckers und dem ausgekratzten Mark der Vanilleschote unter ständigem Rühren zum Kochen bringen und bei geringer Hitze ca. 25 Minuten ausquellen lassen. Dabei ständig bis auf den Grund rühren, damit sich nichts am Topfboden absetzt.

- Von der Zitrone die Schale abreiben und hinzugeben, dazu drei Viertel der Butter in den Reis rühren. Alles auf eine handwarme Temperatur abkühlen lassen.

- Die Eier trennen, die Eigelbe in den Milchreis rühren, das Eiweiß mit dem restlichen Zucker steif schlagen.

- Eine Auflaufform oder eine kleine Bratreine mit der restlichen Butter einfetten und mit Kristallzucker oder Semmelbröseln ausstreuen.

- Das geschlagene Eiweiß vorsichtig mit einem Schneebesen unter die lauwarme Reismasse heben, die Rumrosinen zufügen und die Masse in die Auflaufform (bis max. 3 cm unter den Rand) füllen.

- Backofen auf 160° (Umluft) vorheizen und den Auflauf etwa 40 Minuten backen. Anschließend mit Puderzucker bestreuen und mit Apfelmus servieren.

Diskussionen, dafür aber mit umso mehr Erfolg weiterführen. Ein paar Jahre später, 1974, haben wir die Steinpilze in solchen Mengen gefunden, dass der Erlös aus dem Verkauf ausreichte, um unseren ersten Mercedes zu kaufen.

Eigentlich waren wir eine grundehrliche Familie, aber manchmal kann man der Versuchung einfach nicht widerstehen. Auch das Fischen, das mein Vater und ich mit der gleichen Begeisterung betrieben, gehörte zu den Beschaffungswegen, die – klug genutzt – keine Kosten verursachten. Eines Abends, als wir auf dem Nachhauseweg waren, deutete mein Vater auf einen Weiher und meinte augenzwinkernd: »Dort drin gibt es wunderbare Forellen. Kannst ja mal schauen, was da geht …« Das ließ ich mir nicht zweimal sagen und zog kurz darauf in einer mondhellen Nacht mit meinem Freund Christian los zum Weiher. Das Ergebnis war unglaublich: Nur mit kleinen Semmelstücken hatten wir in kürzester Zeit nicht weniger als 60 Kilogramm der feinen Fische an Land gezogen. Wir stopften sie in einen Müllsack, den wir keuchend in die Küche der elterlichen Wirtschaft schleppten. Noch in der Nacht wurden die Tierchen küchenfertig geputzt und im Kühlhaus verstaut.

Als der Vater am nächsten Tag den Segen entdeckte, hätte er mir beinahe ein paar saftige Ohrfeigen verpasst, aber der väterliche Stolz siegte, und ganz unschuldig war er an der unverhofften Bereicherung der Speisekarte ja auch nicht. Der Zufall wollte es, dass gerade an dem darauffolgenden Mittag der Besitzer des Fischweihers in die Wirtschaft kam. Die Bedienung empfahl ihm nichts ahnend die Forelle Müllerin, »weil sie heut gar so schön groß sind«, und feixend schauten Vater und Sohn hinter dem Tresen zu, wie der Gast mit Appetit seinen eigenen Fisch verzehrte.

Knochen geben Geschmack

Begnadet war meine Mutter aber auch im Umgang mit Fleisch, und ich behaupte heute noch, dass ihr Schweinsbraten zum Besten gehörte, was die bayerische Küche hervorgebracht hat. Das Geheimnis war natürlich die Soße, die sie aus den gerösteten und vielfach abgelöschten Knochen gewann. Wurde dagegen ein Halsgrat bestellt, dann blieb der Knochen selbstverständlich drin, denn anders als

Kartäuser-Klöße mit Weinschaumsoße

für vier Personen (als süßes Hauptgericht)

Das braucht man

4 Weißmehlsemmeln
4 Eier
6 Eigelb
½ l Milch (3,5 % Fett)
180 g Zucker
½ Vanilleschote
Saft einer halben Zitrone
½ l Weißwein (Riesling)
60 g Johannisbeermarmelade oder -gelee
250 g Butterschmalz
50 g Zimt und Zucker zum Bestreuen

So wird's gemacht

- Die Semmeln drei Tage vorher kaufen und unverschlossen bei Zimmertemperatur trocken werden lassen. Mit einer feinen Reibe die Kruste entfernen, die dabei entstehenden Brösel auf einen Teller geben und beiseitestellen. Die abgeriebenen Semmeln quer halbieren, mit der Marmelade bestreichen und die Hälften danach wieder zusammenfügen.

- Vier Eier mit der Milch und der Hälfte des Zuckers verquirlen und die gefüllten Semmeln in einer breiten Schüssel darin insgesamt 30 Minuten einweichen, nach 15 Minuten wenden.

- Butterschmalz bei ca. 160° in einer breiten Pfanne erhitzen. Die eingeweichten Semmeln in den Bröseln wenden und vorsichtig in die erhitzte Pfanne geben. Die Klöße auf beiden Seiten ca. acht Minuten ausbacken.

- Ausgebackene Klöße aus der Pfanne nehmen und auf Küchenkrepp legen, um das überschüssige Fett zu entfernen. In der Zwischenzeit die Soße zubereiten.

- Die Eigelbe mit Weißwein und der zweiten Hälfte des Zuckers, dem ausgekratzten Mark der Vanilleschote und dem Zitronensaft verrühren, die Mischung in eine Metallschüssel gießen und über sanftem Dampf zehn Minuten mit dem Schneebesen zu einer schaumig-cremigen Konsistenz aufschlagen.

- Die fertigen Klöße mit Zimt und Zucker bestreuen oder darin wenden und mit der Weinschaumsoße servieren.

beim Lamm, wo der Geschmack hauptsächlich über die Haut kommt, sind beim Schwein gut durchgegarte Knochen die wichtigsten Geschmacksgeber.

Dass es beim Kochen nicht allen Menschen recht zu machen ist, das kann man als Koch gar nicht früh genug lernen. Ich erinnere mich an einen Sonntag, meine Mutter war in der Küche, der Vater beim Abräumen. »Herr Wirt, da ist ein Knochen im Schweinebraten«, rief ein Gast, der den legendären Halsgrat bestellt hatte und als Norddeutscher wohl nicht mit den Feinheiten der bayerischen Küche vertraut war. Der Vater hatte keine Lust, lange Erklärungen abzugeben, und setzte seine Arbeit seelenruhig fort. Das verärgerte den Herrn umso mehr. »Und die Soße schmeckt nach Maggi!«, setzte er nach. Das hätte er besser nicht sagen sollen. Äußerlich war Vater nichts anzumerken, aber ich kannte ihn besser. »Rosi«, wies er mit gefährlich leiser Stimme unsere Bedienung an, »der Herr möchte zahlen – und dann RAUS!« Seine hünenhafte Figur und der unmissverständliche Ton veranlassten den Gast, blitzschnell aus dem Lokal zu verschwinden, und das war auch gut so. Den Vater kostete die Zurückhaltung viel Überwindung, denn ein solcher, gänzlich ungerechtfertigter Verdacht verletzte seine Ehre zutiefst.

Von der hünenhaften Gestalt meines Vaters habe ich als Kind nichts mitbekommen – im Gegenteil: Ich war ein »Krüschperl«, ein »Milchbubi«, und litt darunter. Um aus mir einen »richtigen Mann« zu machen, schickten mich die Eltern zum Boxtraining in die Schule von Wolfgang Schwamberger, »Schwammerl« genannt, der in den ersten Jahren auch der Mentor der späteren Kickbox-Weltmeisterin Dr. Christine Theiß war. Ich wurde dort hart rangenommen, lernte Disziplin und Teamarbeit und habe ziemlich oft einstecken müssen. Aber ich bin heute noch stolz darauf, und meinem Selbstbewusstsein hat die Zeit im Boxclub »Piccolo« durchaus gutgetan.

Für den Vater war es schlechthin unverständlich, dass ich körperlich so ein Spätentwickler war (heute wäre er stolz auf mich). Wenn ich ihn aufs Feld begleitete, nahm er immer ein paar Flaschen Schneider-Weisse mit, ein wunderbares Weizenbier, das er bis zur Mittagspause im Bach kühlte und dann mit Genuss trank. Der letzte Bodensatz war trüb von der Hefe – und den bekam ich. »Geh her, Bub, und trink das aus«, höre ich ihn noch sagen, »das ist gut für dich – da gehst du auseinander!«

GENE UND GERÜCHE

Mutters Weinschaumcreme und Vaters Hefeweißbier, das waren die ersten Erfahrungen, die ich mit dem Alkohol machte, aber dabei sollte es nicht bleiben. Um mein Taschengeld etwas aufzubessern, durfte ich ab und zu mit den Jungklosterbrüdern in der Kelterei des Klosters Fruchtweinflaschen etikettieren. Da ließen wir hin und wieder ein paar Flaschen mitgehen. Im Kohlenkeller veranstalteten wir die ersten Partys mit Stachelbeerwein, Most und den ersten Zigaretten und Zigarillos. Sie endeten regelmäßig mit schlimmen Kopfschmerzen und nicht selten mit einer gewaltigen Kotzerei.

In ganz Bayern war ich der erste männliche Hauswirtschaftsschüler und ein Jahr lang der einzige Bub, der dieses Fach belegt hatte – quasi der Hahn im Korb. Aber das Interesse an den Mädels war damals noch nicht so groß. Begeistern konnte ich nur meine Hauswirtschaftslehrerin, denn ich brachte von zu Hause schon ein paar brauchbare Erfahrungen mit. Die Soße zu meinem Rahmpaprikaschnitzel mundete ihr so gut, dass sie meine Kreation nachkochte.

Mein ganzer Stolz: der Boxausweis. Nette Geschichte am Rande: Der Trainer schrieb meinen Namen falsch (mit »f« statt »ph«), aber mein Respekt vor ihm war so groß, dass ich nicht zu widersprechen wagte und sogar mit dem »falschen« Vornamen unterschrieb.

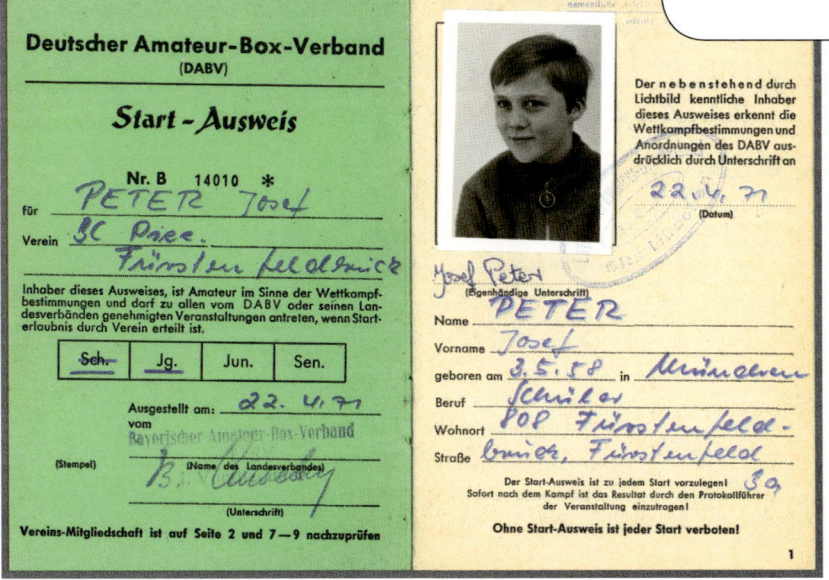

Der erste Kuss: Nichts als Ekel

Mit zwölf Jahren fing ich an, den Mädels in aller Schüchternheit hinterherzuschauen – zunächst allerdings mit wenig Erfolg. Auf dem Klostergelände gab es ein umgebautes Bienenhaus, und bei den Partys dort spielten die älteren meiner Freunde mit Leidenschaft »Flaschendrehen«, bei dem Buben und Mädels im Kreis nebeneinandersaßen, und immer wenn es einen beim »Herzeln« traf, dann durfte (oder musste) man die Person rechts neben sich küssen. Dabei geschah es, dass mir eine 16-Jährige den ersten »richtigen« Kuss verpassen wollte, aber als sie mir unwirsch ihre Zunge in den Mund schob, empfand ich nichts als Ekel.

Es sollte noch schlimmer kommen. Ich war gerade 14, meine Schulzeit ging nach neun Jahren mit dem qualifizierten Abschluss zu Ende, und bevor ich meine erste Lehrstelle antrat, schickte unser Vater meinen drei Jahre älteren Bruder und mich für ein paar Wochen zum Englischlernen nach Amerika, wo in Detroit eine ältere Cousine von uns lebte. Ein Wahnsinnsgefühl, mit dem Zug nach Frankfurt und dann mit dem Flieger über den ganzen Nordatlantik zu reisen! Die Cousine holte uns ab, und um uns auf das »Land der unbegrenzten Möglichkeiten« einzustimmen, schleppte sie uns sofort zu McDonald's. Meine erste Erfahrung mit den berühmten Burgern war ernüchternd: Das »Gummi-Laiberl«, die weiche Semmel mit dem Aroma einer Papierserviette, traf ebenso wenig meinen Geschmack wie der fleischige Mittelteil mit seiner süßen Soße. Das Einzige, was mir von der Küche dort in bester Erinnerung blieb, waren paradoxerweise Spaghetti mit Soße, die ich aus der heimischen Küche nicht kannte und in den Staaten das erste Mal von der Schwiegermutter meiner Cousine gekocht bekam.

Im Oak Park, ein paar Häuser von unserer Cousine entfernt, lebte eine Familie mit sechs Kindern unter haarsträubenden Bedingungen. Ihr Haus war eine echte »Rocky Docky Hütte«, in die es an vielen Stellen hineinregnete, es wurde Haschisch geraucht, und es gab wilde Partys, meist in einem alten Wohnwagen auf dem Grundstück. Dort geschah es, dass ein hübsches blondes Mädchen mich im Drogenrausch in die Arme nahm und mir ins Ohr raunte: »Fuck me!«

Mein Englisch reichte, um zu verstehen, was sie meinte. Es drehte sich alles in meinem Kopf – nicht nur von der verqualmten Luft in dem engen Caravan. Und dann floh ich, lief ins Freie, weit weg. Ich war für diese Erfahrung noch nicht reif – und hasste mich kurz darauf selbst für meine Feigheit.

Wir flogen zurück, und dann gingen meine Kindertage schnell zu Ende. Vater kaufte mir die erste Kochkluft, und ehe ich michs versah, saß ich neben ihm im Auto auf der Fahrt nach Garmisch, um dort meine erste Lehrstelle anzutreten. Amerika war vergessen, die neue große Freiheit wartete auf mich in den bayerischen Bergen, 100 Kilometer von zu Hause entfernt.

Austern und Affen-Frack

Die Lehrjahre in Garmisch

»Jetzt wird's ernst«, dachte ich, als mein Vater seinen 412er VW wendete, mir noch einmal zuwinkte und davonfuhr. Keine Spur von Euphorie über die neu erworbene Freiheit – ich hatte Tränen in den Augen. Gerade 15 Jahre alt, stand ich in der Garmischer Bahnhofstraße vor dem »Partenkirchner Hof«, meinem zukünftigen Lehrbetrieb.

Schnell war klar, dass ich im Haus selbst nicht wohnen konnte. Es gab dort fürs männliche Personal nur einen Schlafsaal, in dem überwiegend ausländische Bedienstete untergebracht waren. So verfügte Karl Reindl, der Besitzer des renommierten Hotels und Restaurants, dass ich mir ein Zimmer suchen sollte, die Hälfte der Miete würde ich zusätzlich zu meinem Lehrlingsgehalt bekommen.

Ich besaß damals ein Mofa, ein Zwei-Gang-Kreidler, mein ganzer Stolz. Damit knatterte ich durch die Straßen von Garmisch, bis ich in der Dreitorspitzstraße auf das »Haus Walburga« mit einem Schild »Zimmer zu vermieten« stieß. Auf mein Läuten öffnete mir Frau Schreieck die Tür, eine ältere Dame mit bayerischem Charme. Ich fragte nach dem Zimmer, es sollte 80 Mark pro Monat kosten. Als ich das Formular ausfüllte und sie meinen Namen sah, bekam sie plötzlich verträumte Augen. »Ich hab mal einen Josef Peter gekannt, gleich nach dem Krieg. Das war ein fescher Kerl …« Ein Verdacht keimte in mir auf, und ich fragte nach weiteren Details, denn mein Vater war, das wusste ich, 1945 eine Weile in Garmisch gewesen. Bald war klar: Die beiden hatten sich tatsächlich gekannt, und in den darauffolgenden Jahren habe ich, wenn ich sie bei passenden Gelegenheiten ausfragte, eine ganze Menge pikanter Geschichten über meinen Vater erfahren.

Maul halten und dienen

Maul halten und dienen – das ist keine schlechte Devise für einen jungen Berufsanfänger, auch wenn das heute kaum noch jemand hören mag. Schnell musste ich lernen, dass es in der Küche eine unumstößliche Hierarchie gibt. An der Spitze stand natürlich Karl Reindl, Schüler des legendären Alfred Walterspiel (Restaurant »Walterspiel« im Münchner »Hotel Vier Jahreszeiten«) und Inhaber des »Partenkirchner Hofes«. Ihm folgte der Küchenchef, Herr Lindner, und unter dem rangierten die Stationsköche für alle Bereiche der Küche. Die wiederum hatten ihre Commis, und ganz am Ende standen wir Lehrlinge. Respekt vor Älteren – das hatte ich zu Hause gelernt. So gelang es mir recht erfolgreich, den richtigen Platz in dieser Hierarchie einzunehmen, und damit war ich weit und breit der Einzige, der sich in der ganzen Lehrzeit keine Watschn einfing.

Mein Respekt vor unserem Küchenchef Lindner im »Partenkirchner Hof« ist deutlich zu sehen.

Nicht nur die Rangordnung galt es zu beachten, sondern auch jede Menge Benimmregeln. Das fing schon mit der Kleidung an: strenges Halstuch, blitzsauberer Vorstecker und natürlich untadelig saubere Hände. Zu den Aufgaben der Lehrlinge gehörte auch das Putzen der Küche bis in die letzten Winkel. Wir schufteten ordentlich – und das für ein Anfangsgehalt von 135 Mark, das sich dann bis zum Ende der Lehrzeit auf 280 Mark steigerte. Dafür durfte ich in einem Haus lernen, das unbestritten zu den 50 besten in Deutschland gehörte.

Heute haben's Lehrlinge leichter, nach einer strengen Ausbildungsordnung wird ihnen das Wissen buchstäblich eingetrichtert. Vor 40 Jahren war das anders: Wer etwas mitbekommen wollte, musste sich an die Köche hängen, ihnen über die Schulter schauen, sich unterordnen und mit Fleiß und Geschick ihre Sympathie gewinnen. Ich machte das wohl nicht ganz schlecht, denn schon nach kurzer Zeit genoss ich ein paar Privilegien. So wurde ich zum Frühstücksdienst abkommandiert und durfte am Büfett Spiegeleier und Omeletts zubereiten. Ein perfektes Omelett gehört zu den echten Herausforderungen, schon mancher Kocheleve ist damit bei der Prüfung durchgefallen. Wenn es richtig gemacht ist, hat es zum Schluss die perfekte Form einer Zigarre, innen noch weich, außen glatt wie ein Babypopo.

Karl Reindl war eher ein unnahbarer Mensch, wir Lehrlinge hatten wenig mit ihm zu tun. Etwas näher kam ich ihm nur, weil ich – auch das eine kleine Auszeichnung – immer wieder abkommandiert wurde, um ihm zu assistieren, wenn er bisweilen auf dem Gehsteig vor dem Hotel einen Straßenstand aufbaute und frische Austern feilbot. Reindl hat mit diesem Straßenstand und bei seinen französischen Wochen im Restaurant die wohlschmeckenden Meerestiere in Garmisch erst publik gemacht, was ihm den Spitznamen »Austern-Charly« einbrachte.

Der Austernstand und das Frühstücksbüfett, das waren für mich wichtige Stationen, denn dort kam ich die ersten Male direkt mit Gästen in Berührung und konnte, weil ich gut bei ihnen ankam, so manches Schwätzchen mit den Damen halten, was mein Selbstbewusstsein ungemein stärkte.

So wichtig die Unterordnung in der Lehre war, so sehr genoss ich meine Freiheit, wenn ich am Abend und am Wochenende privat unterwegs war. Mit meinem Kreidler-Mofa fühlte ich mich wie ein

Das perfekte Omelett

Frühstücksritual für eine Person

Das braucht man

3 Eier, gut verquirlt
2 EL geklärte Butter oder geschmacksneutrales Pflanzenöl
(zum Beispiel Sonnenblumenöl oder filtriertes Rapsöl)
etwas Salz und Pfeffer

So wird's gemacht

- Die Pfanne gut erhitzen, die geklärte Butter hineingeben und gleichmäßig in der Pfanne verteilen.
- Das verquirlte Ei hineinschütten, die Pfanne kurz vom Herd wegziehen und die Eimasse mit einer Gabel in kreisförmigen Bewegungen verteilen.
- Die Pfanne etwa 5 Sekunden zurück auf den Herd geben und dabei ca. 30° nach vorne kippen.
- Mit der Gabel von der Griffseite her das flache Omelett nach vorne zu einer Zigarre formen.
- Bei immer noch geneigter Pfanne mit der Faust der freien Hand mehrfach leicht auf die den Griff haltende Hand schlagen, damit das Omelett durch die Bewegung am Pfannenrand eine schöne Form erhält.
- Sobald das Omelett eine glatte Oberfläche hat oder – wenn gewünscht – eine leichte Bräune aufweist, auf den Teller kippen und mit den gewünschten Beilagen wie Speck, Baked Beans oder sautierten Tomaten servieren.

Profitipps

Um ein optimales Ergebnis zu erzielen, wurde in der Küche früher eine gut laufende Eisenpfanne verwendet, die vorher noch einmal mit Salz ausgebrannt und trocken mit einem Küchentuch ausgerieben worden war. Heute erspart man sich diese ganze Vorarbeit zumeist durch Verwendung einer teflon- oder keramikbeschichteten Pfanne.

Das Ausformen bei geneigter Pfanne funktioniert logischerweise am besten auf einem Gasherd mit offener Flamme.

Vor dem Einrollen kann das Omelett mit diversen Füllungen veredelt werden – der Phantasie sind dabei keine Grenzen gesetzt. Käse und gewürfelter Schinken gehören zu den Klassikern, man kann aber die Eimasse auch etwas süßen und das Omelett mit Konfitüre füllen.

Um dem Omelett eine besonders geschmacksintensive Note zu geben, können in das verquirlte Ei zwei EL flüssige Sahne eingerührt werden.

Easy Rider, dazu trug ich ein schickes »Affen-Frackerl«, eine taillierte lange Lederjacke. Anders als viele meiner Kumpanen konnte ich dem Saufen als Sport nicht viel abgewinnen, ich lernte lieber ein paar Akkorde auf meiner Gitarre und sang Freddy-Quinn-Lieder. Das machte mich zum gern gesehenen Gast auf vielen Partys. Heimweh kannte ich längst nicht mehr, dafür wurde mein Fernweh immer größer.

Das erste Mädel in der Bude

Nach der Arbeit verschlug es uns oft in das Garmischer »Kindl«, eine bayerische Stube, in der viel Jungvolk verkehrte. Dort stieß ich in meinem zweiten Lehrjahr auf ein Mädchen, das mindestens drei Jahre älter war als ich. Sie hatte dunkle Haare und eine beeindruckende Oberweite. Sie zwinkerte mir zu, wir kamen ins Gespräch, ich stellte meine Stimme etwas tiefer und gab mich betont lässig. Als ich ihr vorschlug, bei mir zu Hause noch etwas zu trinken, fragte sie: »Hast du ein Fahrzeug?« »Na klar«, antwortete ich nicht ohne Stolz, und wir gingen. Ihre Enttäuschung muss grenzenlos gewesen sein, als sie vor dem Haus mein bescheidenes Mofa sah. Aber es gab kein Zurück mehr. Wir waren beide wild entschlossen, für ein Taxi fehlte uns das Geld, und so nahm sie hinter mir Platz, bis wir knatternd das »Haus Walburga« erreichten.

Ich war mächtig stolz – das erste Mädel, das ich in meine Bude abschleppte. Nach kurzer Zeit landeten wir in meinem Bett und fielen übereinander her ... bis die

Der brave Lehrling kam nicht nur bei den älteren Kundinnen, sondern auch bei den jungen Mädels gut an.

besorgte Frau Schreieck an meine Tür klopfte und in völliger Verkennung der Geräusche in meinem Zimmer fragte: »Ist alles in Ordnung, Sepperl? Geht's dir gut?«

Richtig sportlich war ich eigentlich nicht. Meine anfänglichen Versuche, ab und zu allein einen Berg zu erklimmen, gab ich bald wieder auf. Allerdings war ich immer gern dabei, wenn der Sport sich nutzen ließ, um mit den Mädels in Kontakt zu kommen. Mit den Töchtern des Patrons ging ich zum Schlittschuhlaufen ins Olympiastadion – auch mit Nanni, die heute den »Partenkirchner Hof« führt, und im Sommer zogen wir mit Bobby, dem Erfinder des Happenings, auf die Berghänge und übernachteten dort im Schlafsack. Trotz aller Verbote machten wir uns auch an die weiblichen Lehrlinge heran, und ich landete nicht selten im Mädchentrakt des Hauses unter dem Dach. Besonders in Erinnerung ist mir eine feurige junge Italienerin aus Mailand, mit der sich das Liebesspiel so lange hinzog, dass ich es am Morgen gerade noch rechtzeitig in die Berufsschule schaffte. Allerdings hatte ich nicht bedacht, dass meinem leuchtend orangeroten Hemd die Spuren der Nacht noch deutlich anzusehen waren. Überraschenderweise erwies sich unser Lehrer Grüner in dieser Situation als echter Gentleman. »Geh nach Hause, zieh dich um, und erst dann kommst du wieder«, wies er mich an – das war's!

Eine Bergtour wird mir immer unvergesslich bleiben. Im Restaurant gehörten Krebse zum festen Bestandteil der Speisekarte. Sie schmeckten köstlich, aber Frau Reindl, die mit Argusaugen darauf achtete, dass keine Lebensmittel verschwanden, zählte jeden Schwanz und jede Schere genauestens nach. Aber im Riessersee sollte es, so hörte ich, wunderbare Krebse geben.

»Die kannst du leicht fangen«, hatte mir mein Vater erklärt, »du schnappst dir einen Frosch, ziehst ihn ab und bindest ihn auf die Mitte von einem Netz, das du nachts im See auslegst. Da kommen die Krebse hin, um sich das Froschfleisch zu holen, und du brauchst das Netz nur einzuholen.«

Gesagt, getan. Mit meinem Freund Christian machte ich mich in einer mondhellen Nacht auf zum Riessersee. Wir folgten genau der Anweisung meines Vaters, tranken eine Flasche billigen Wein, und nach einer Stunde fand sich tatsächlich eine beeindruckende Zahl frischer Krebse in dem aufgetrennten Zwiebelsack, der uns als Netz diente. Begeistert brachten wir den Fang in meine Bude, Brühe und frischen Dill hatten wir aus der Hotelküche an Frau Reindl vorbeigeschmuggelt. In einem Emailtopf erhitzen wir alles mangels einer Kochplatte mit dem Tauchsieder, es wurde ein Festessen.

Als wir ein zweites Mal zum See hinaufzogen, um unsere erfolgreiche Jagd zu wiederholen, schlich sich, ohne dass wir ihn in der Dunkelheit bemerkt hatten, der Hausmeister des »Riessersee Hotels« an und verpasste mir die schlimmste Watschn meines Lebens. Die Erfahrung war so nachhaltig, dass wir uns nicht mehr hinauftrauten und zukünftig unser Schwarzfischer-Glück in der Loisach versuchten.

Es sind widersprüchliche Erinnerungen, die sich heute für mich mit dem »Partenkirchner Hof« verbinden. Auf der einen Seite habe ich unglaublich viel gelernt. Die meisten Köche dort mochten mich und haben ihre Erfahrungen willig an mich weitergegeben – dafür bin ich heute noch dankbar. Auf der anderen Seite wurde den Lehrlingen aber auch immer wieder übel mitgespielt. Wenn wir in aller Eile unsere eigenen Mahlzeiten einnahmen, fand sich oft nur auf den Schweinekübeln ein Sitzplatz, und die Unerfahrenen unter uns mussten auch jede Menge Späße über sich ergehen lassen. Manche Lehrlinge mussten Mehl hacken, Sauerkraut aufhängen oder die »Bain Marie« (ein Wasserbad) abschmecken. Einen Kollegen, John Sieber aus München, schickte man in den »Wienerwald«: Er sollte dort Patronen kaufen, um die Hummer zu erschießen – die älteren Köche hielten sich den Bauch vor Lachen.

Und auch das zählt zu den weniger schönen Erinnerungen: Was das Essen anbelangte, wurden wir im »Partenkirchner Hof« wirklich kurz gehalten. »Je besser das Haus, in dem du arbeitest, desto schlechter das Personalessen«, heißt eine Kochweisheit, und meine Lehrstelle machte da keine Ausnahme. Gefürchtet war am Freitag zum Beispiel immer das »Kaffee-Komplett«, bestehend aus Zopf, Schmierkäse und Kakao. Für einen jungen Mann, der in der Pubertät einen gesunden Appetit entwickelte, war das schlechterdings inakzeptabel, und so kam es ohne schlechtes Gewissen bei jeder Gelegenheit zum Mundraub. Das zuverlässigste Versteck war unter dem Kochhut. Einmal ist mir beinahe das Gehirn vereist, als ich dort ein paar tiefgefrorene Weinbergschnecken transportierte und ausgerechnet dem Chef des Hauses über den Weg lief, der mich in ein langes Gespräch verwickelte, wie es mir ginge und wie es mir im Hause gefiele.

Zu meinen Freunden gehörte Didier, ein lustiger Franzose, der viel Erfolg bei den Frauen hatte und nichts anbrennen ließ. Er erzählte uns oft von seiner Heimat an der Côte d'Azur und lud uns ein, ihn dort zu besuchen. Was für eine traumhafte Vorstellung! Frankreich war für uns junge Köche damals noch viel mehr als heute *das* Mekka der gehobenen Küche. Französisch war die Küchensprache, das Werk von Escoffier unsere Bibel. Im Frühherbst 1974 brachen wir zu fünft im Fließheck-VW meines Bruders auf nach Juan-les-Pins – und ich wurde nicht enttäuscht. Zwar war unser Budget schmal, aber die Art, wie dort auch in kleinen Restaurants die Menüs gekocht wurden, hat mir ausgezeichnet gefallen. Unvergessen ist mir ein Entrecôte, das ich dort vorgesetzt bekam. Es war so riesig, wie ich es noch nie gesehen hatte, und auch der leicht süßliche Geschmack war mir fremd. Erst nach dem Essen erfuhr ich, dass es ein Entrecôte de cheval – Pferdefleisch – war.

Das Pferd hat keine Galle

Aus dieser Erfahrung entwickelte sich eine Anekdote, die sich zwar erst viel später abspielte, aber hierher gehört. Als ich nach der Reise meinem Vater von dem ungewohnten Geschmack erzählte, erklärte er mir, das süße Aroma hänge damit zusammen, dass ein Pferd keine Galle habe. Ein Jahrzehnt später in einem Kreis von 15 Medizinern gab ich diese Erkenntnis wieder und erntete heftigen Widerspruch: Ein Pferd habe selbstverständlich eine Galle wie jedes andere Säugetier auch! Ich vertraute meinem Vater und ließ mich auf eine Wette um zwölf Flaschen sündhaft teuren »Roy David«-Champagner (den einzigen anerkannt koscheren Champagner der Welt) ein. Die Ärzte verabschiedeten sich – und kamen am nächsten Tag kleinlaut mit einem großen Karton an. Ich hatte die Wette gewonnen.

Gewonnen habe ich auch bei der Zwischenprüfung nach der Hälfte der regulären Lehrzeit. Die Aufgabenstellung war anspruchsvoll: Man listete uns ein Menü auf, für das wir zunächst Warenanforderung und Kalkulation abliefern mussten, dann erhielten wir die Zutaten und kochten das Ganze. Schiefgehen durfte dabei nichts, es gab einen eng gesteckten Zeitrahmen, in dem alles fertig werden musste. Unsere Eltern und die Prüfer saßen wie in einem Restaurant an Tischen und begutachteten schließlich, was wir ihnen aus eigener Produktion vorsetzten. Ich schnitt immerhin so gut ab, dass sich bereits die Möglichkeit einer verkürzten Lehrzeit abzeichnete.

Ein großer Tag in meinem jungen Kochleben war 1976 die Teilnahme an der ersten internationalen Kochkunst-Ausstellung in Frankfurt. Dort gab sich tatsächlich die große, weite Welt ein Stelldichein, aus aller Herren Länder rückten Teams an, um sich hier Medaillen zu erkochen, die Amerikaner hatten dafür sogar ein eigenes Flugzeug gechartert. Wie der Name schon sagt, ging es dabei nicht nur um den Geschmack, sondern vor allem um das kunstvolle Anrichten von Platten und einzelnen Gerichten nach strengen Vorgaben.

Ich hatte bei der Vorbereitung auf dieses bedeutende Ereignis wirklich viel Unterstützung erfahren und bin den Inspiratoren heute noch dankbar: an erster Stelle natürlich Karl Reindl, genauso aber meinem Fachlehrer Franz Moosburner, dem Berufsschullehrer Heinz Grüner, Reinhard Geißler und nicht zu vergessen Herrn Hohenester aus Partenkirchen, der mich heute noch ab und zu besuchen kommt. Udo Sonntag aus dem prominenten Restaurant »Horcher« in Madrid gehörte zu meinen Förderern, unser Küchenchef Lindner mit seiner bemerkenswerten Mischung aus Fachwissen, Alkohol und guten Sprüchen, der Chefgardemanger Dominikus Höldrich, der bestimmt mehr aus seinem Beruf hätte machen können, Georg Gutwald, der heute als Küchenchef einer Klinikkantine in München arbeitet, und last, but not least Gerd Pflug, der gegen Ende meiner Lehrzeit aus dem »Beau Rivage« in Lausanne nach Garmisch kam und bei Reindl die Stelle des Küchenchefs übernahm.

Gegen eine beachtliche internationale Konkurrenz brachte ich es auf Anhieb zum Silberpokal.

Eine Silbermedaille für den Lehrling

Ich schuftete, ich schwitzte und setzte mein ganzes Können ein, um ein Meisterwerk zu schaffen: zwei gefüllte Poularden, eigentlich ein warmes Gericht, das aber »chaud-froide« als kalte Platte serviert wurde. Das Geflügel war kunstvoll mit Ornamenten aus Trüffel, Zunge und ausgestochenem Eiweiß verziert und mit einer Gelatine-Sahne-Glasur überzogen. Die ganze Mühe und die Gebete meiner Mitstreiter lohnten sich: Meine Punktzahl reichte für eine Silbermedaille – für den kleinen Lehrling ein achtbarer Erfolg!

Weniger erfolgreich endete ein anderer Höhenflug, den ich in dieser Zeit wagte: Mein Fernweh war damals ebenso groß wie mein Selbstbewusstsein, und so schrieb ich aufs Geratewohl eine Bewerbung an das legendäre »Peninsula Hotel« in Hongkong. Drei Wochen

Meine Eltern platzten fast vor Stolz, als ich meine erste Auszeichnung von der Europameisterschaft der Jungköche nach Hause brachte.

später kam auf feinem Büttenpapier die Antwort vom Personalchef des Hauses ebenso höflich wie unmissverständlich: Man bedanke sich für meine Initiative, empfehle mir aber, noch weitere fünf bis zehn Jahre Berufserfahrung zu sammeln und mich dann noch einmal zu melden. »Einen Versuch war's wert«, dachte ich ganz und gar nicht enttäuscht und hatte eigentlich tatsächlich vor, den Versuch später noch einmal zu wiederholen. Aber das Schicksal wollte es anders. Ich habe nie wieder eine Bewerbung hingeschickt und dieses berühmte Haus auch bis heute nicht von innen gesehen. Zwar war ich einmal in Hongkong, aber – Sie erraten es vermutlich – nicht des Berufes wegen, sondern wegen einer wunderschönen Frau: einer 1,80 Meter großen Chinesin, die mich so faszinierte, dass fürs »Peninsula« beim besten Willen keine Zeit blieb.

Der Tote vor der Schwingtür

Meine Lehrzeit neigte sich dem Ende zu. Das letzte Silvester in Garmisch ist mir noch in ebenso lebhafter wie makabrer Erinnerung. Unser Bankett zum Jahreswechsel hatte gerade begonnen. In der Küche war die Brigade der Kellner, allen voran der Schwalbenschwanz-Oberkellner Herr Kaspar, mit geschulterten Silbertabletts angetreten, um den Hauptgang zu servieren. Kaspar trat gegen die Schwingtür – aber die ließ sich nicht öffnen. Karl Reindl am Ende der Kellnerschlange wurde nervös. »Was ist denn da los, warum gehen Sie nicht weiter?«, schnarrte er. Kaspar drückte mit Macht gegen die Tür und linste durch den Spalt. »Da liegt ein Mensch davor«, berichtete er. Reindls Nerven lagen blank, und er schrie ihn an: »Dann räumen Sie ihn halt weg!« Das war leichter gesagt, als getan, denn der Mann, ein älterer Gast, war mausetot. Kaspar und Luciano, unser kellnernder Gigolo, wurden angewiesen, das Hindernis möglichst unauffällig zu entfernen.

Kurz darauf hatte ich die Aufgabe, mit einem lebenden Spanferkel, das zur Hälfte in einem Jutesack steckte, durch die Gästereihen zu laufen und Glückspfennige zu verteilen. Zum Schock über den Toten gesellte sich die Angst, das Schweinchen könnte die Gäste oder meine Uniform beschmutzen – wahrlich kein euphorisches Silvestergefühl! Das Spanferkel übrigens musste kurz nach dem Auftritt

im Türkenklo sein Leben lassen und stand am nächsten Tag auf der Speisekarte.

Vielleicht hat mir das Ferkel aber wirklich Glück gebracht, denn kurz darauf absolvierte ich die Gesellenprüfung mit Bravour, und nun standen mir wirklich alle Türen offen. Ich bewarb mich bei mehreren Hotels in der Schweiz und durfte wenige Wochen später mit einem frisch unterschriebenen Vertrag in der Tasche meinem einstigen Mentor und Chef de Partie Georg Gutwald in das Nobelhotel »Victoria Jungfrau« in Interlaken folgen.

Die Anspannung ist mir anzusehen, denn die Decke, die ich dem verängstigten Ferkel unter das Hinterteil hielt, wurde aus naheliegenden Gründen immer schwerer.

Raclette, Rösti und Romanzen

Saisonverträge in der Schweiz

Schneller als erwartet war meine Lehrzeit in Garmisch zu Ende gegangen, ich hatte nicht nur in der Küche, sondern auch fürs Leben viel gelernt und musste jetzt beweisen, dass ich auf eigenen Füßen stehen konnte.

Damals sah die kulinarische Welt noch anders aus als heute: Wer etwas auf sich hielt, Speisen auf höchstem Niveau genießen oder seinen Urlaub in feinen gesellschaftlichen Kreisen verbringen wollte, der reiste in die Schweiz, nach Montreux, Davos oder Lausanne. Heute, wo die Schweiz in erster Linie teuer geworden ist, haben ihr die Österreicher in vielerlei Hinsicht den Rang abgelaufen. Für mich war es damals ganz selbstverständlich, dass ich mich in den Spitzenhäusern der Eidgenossen bewerben musste, um später einmal in die Liga der wirklich großen Köche aufgenommen werden zu können. So studierte ich die internationalen Stellenausschreibungen in einschlägigen Schweizer Fachzeitschriften, bewarb mich dann bei drei prominenten Hotels, erhielt zwei Zusagen und entschied mich mit dem »Victoria Jungfrau« für eines der zweifellos besten Hotels in Europa.

Ich verabschiedete mich von meiner Lehrstellen-Familie Reindl und sah mit großem Kribbeln im Bauch meiner ersten Saisonstelle entgegen. Zunächst verlangten die Behörden eine Gesundheitsprüfung, die ich in St. Margareten absolvierte, dann nahte der erste Arbeitstag. Mein Bruder Hans fuhr mich in die Schweiz, und am 1. Mai 1976 stand ich mit meinem Koffer in der Hand vor dem Ehrfurcht gebietenden Haus.

Es war ein illustres Team, das mich dort empfing. Emanuel Berger, der noch bis vor wenigen Jahren an der Spitze des Hotels stand, hatte damals gerade seinen Posten als Direktor angetreten. Er war frisch verheiratet. Peter Borer, der Bruder seiner Frau, gehörte ebenfalls zur Führungsriege – heute leitet er das »Peninsula« in Hongkong, wo ich mich während meiner Lehrzeit in einem Anfall von Größenwahn beworben hatte. Der Dritte im Bunde war Personaldirektor Rupflin. Eine Ebene darunter arbeiteten ein paar Menschen, die in dieser ersten Saison in der Schweiz für mich zu wichtigen Persönlichkeiten wurden: mein Küchenchef Sigrist mit Souschef Kiener, Partie-Chef Hackbarth, Fritz Wüttrich, von dem noch die Rede sein wird, Karl Heinz Kottas und nicht zuletzt Farouk, der Ägypter, setzten die Akzente in der Küche. Ihnen unterstand ein ganzes Heer von Commis und Lehrlingen.

Kottas wurde mein unmittelbarer Vorgesetzter. Unser gemeinsamer Arbeitsplatz in der ersten Zeit war die »Jungfrau-Grillstube«, die in dem riesigen Haus etwa 100 Meter entfernt von der Hauptküche lag. Er war engagiert und unglaublich begabt, aber sein hauchdünnes Nervenkostüm verhinderte eine Karriere als Koch, zu der er sonst durchaus das Zeug gehabt hätte – wirklich ein verkannter van Gogh unserer Zunft.

Und was kochte ich? Rösti natürlich, und zwar die deftige original Berner Art mit Zwiebeln und Speck. Ebenso häufig wurde das Züricher Geschnetzelte verlangt, das es in unserem Haus in der authentischen Version mit einer Mischung aus Kalbfleisch und Kalbsnieren gab.

Zu meinen Kollegen an Kartoffelreibe und Bratpfanne gehörte Knut Röseler, der mit mir zusammen die Lehre in Garmisch absolviert und ebenfalls seine erste Stelle im »Victoria Jungfrau« erhalten hatte. Meine Erinnerung an ihn ist nicht die beste, denn er stahl mir eine ganze Garnitur meiner Kochklamotten. Ich bemerkte den Verlust schnell und sah mich unauffällig unter den Jungköchen um. Er hatte die Namensetiketten so schlampig aus den Kleidungsstücken entfernt, dass ich auf dem Vorstecker noch meine Initialen entdeckte – da war die Beweislage klar. Ich wollte gerade in der Anfangsphase einen Skandal vermeiden, sonst hätte er sich garantiert eine blutige Nase geholt. So stieg ich bloß hinauf in sein Zimmer, packte seine ganzen Klamotten und warf sie aus dem Fenster. Er hat das ohne

Berner Rösti

Kartoffelpfannkuchen für vier Personen

Das braucht man

900 g Kartoffeln, festkochend
60 g Schweineschmalz
40 g Butter
Salz und Pfeffer nach Geschmack

So wird's gemacht

- Die Kartoffeln mit etwas Kümmel in der Schale kochen – lieber einige Minuten weniger als gewöhnlich. Abschütten, am besten drei Tage ruhen lassen, und dann die Haut abziehen.
- Die kalten Kartoffeln auf einer groben Reibe raffeln, die geraffelten Kartoffeln vorsichtig mit dem Salz mischen.
- Eine Pfanne mit dem Schweineschmalz erhitzen, die geraffelten Kartoffeln in das heiße Fett geben und mit einem Pfannenwender immer wieder umschichten – so lange, bis das Fett vollständig von den Kartoffeln aufgenommen wurde.
- Sobald die Kartoffeln durchgeröstet sind, vom Rand her zu einem etwa 2 cm dicken Fladen zusammendrücken. Die Butter in kleinen Stücken ringsum am Pfannenrand verteilen, schmelzen lassen und den Pfannkuchen ca. 10 Minuten bei mittlerer Hitze braten, bis die Unterseite goldbraun ist.
- Rösti mithilfe eines Topfdeckels oder Tellers wenden, dann weiterbraten (noch einmal 10 Minuten), bis auch die Unterseite goldbraun ist, auf einen Teller gleiten lassen und sofort servieren.

Profitipps

Ein Rösti passt als Beilage zu vielen Gerichten, traditionell natürlich zum Züricher Geschnetzelten. Es kann aber auch mit einem Salatteller als eigenständiges Gericht serviert werden.

Regional gibt es in der Schweiz zahlreiche Abwandlungen als Beilage und Hauptgericht, zum Beispiel mit Schinken, Speck, Rahm-Champignons oder saisonalen Pilzen sowie mit lokalem Käse überbacken.

Züricher Geschnetzeltes

Aufwendiges Rezept für vier Personen

Das braucht man

500 g Kalbsnuss, alternativ: Kalbsrücken oder Kalbsfilet
250 g Kalbsnieren, fettfrei
20 ml Rapsöl
60 g Butter
80 g Schalotten
150 g frische Champignons
30 ml Sahne
100 ml Weißwein, trocken
30 g Mehlbutter (halb Butter, halb Mehl, gut verknetet)
200 ml Kalbsfond
geriebene Schale einer viertel Zitrone
15 g glatte Petersilie, fein gehackt
500 ml Buttermilch zum Einlegen
200 ml Milch
Salz und weißen Pfeffer aus der Mühle nach Geschmack

So wird's gemacht

- Das Kalbfleisch von allen Sehnen, Häuten und Fett sorgfältig befreien und mit einem scharfen Messer in feine Scheiben schneiden.

- Die Kalbsnieren von Fettresten, Häuten und der Vene befreien, in die Buttermilch einlegen und für etwa acht Stunden im Kühlschrank aufbewahren. Die Mehlbutter in Klarsichtfolie einwickeln und kalt stellen.

- Die Kalbsnieren aus der Buttermilch nehmen, unter kaltem Wasser gut abspülen, mit Küchenkrepp trocken tupfen, in etwas dickere Scheiben schneiden und abgedeckt kalt stellen.

- Eine große Bratpfanne erhitzen, das Rapsöl und die Hälfte der Butter in die Pfanne geben, das geschnetzelte Kalbfleisch kurz und gleichmäßig darin anbraten und mit Salz und Pfeffer würzen. Das angebratene Kalbfleisch aus der Pfanne nehmen und in einem Sieb über einer Schüssel warm halten, sodass etwaiger Bratensaft in die Schüssel tropfen kann.

- Die zweite Hälfte der Butter in die Pfanne geben und erhitzen, die Nieren darin kurz und gleichmäßig rosig anbraten (nicht zu viel, sonst

Züricher Geschnetzeltes *(Fortsetzung)*

werden sie krümelig), mit Salz und Pfeffer würzen, zum Kalbfleisch geben und ebenfalls warm halten.

- Die Champignonscheiben in der Pfanne ganz kurz anschwitzen, würzen und zu dem Fleisch geben.
- Schalotten in Streifen schneiden, in der Pfanne glasig anschwitzen, die Zitronenschale zufügen, mit Weißwein ablöschen, reduzieren, den Kalbsfond hinzugeben, alles aufkochen und durch ein Sieb in eine Kasserolle passieren.
- Die Soße aufkochen, die Mehlbutter einbröseln und in der siedenden Soße verrühren, die Sahne hinzugeben und alles unter Rühren mit dem Schneebesen etwa 15 Minuten köcheln lassen, bis die Soße keinen mehligen Geschmack mehr hat und eine glatte, seidige Konsistenz aufweist.
- Kalbfleisch, Nieren und Champignons vorsichtig unter die Soße heben, anrichten und mit Petersilie bestreuen.

Profitipps

Traditionell werden zum Züricher Geschnetzelten Rösti (siehe Rezept auf Seite 35) gereicht, auch Spätzle oder andere Nudeln eignen sich als Beilage.

Wer keine Nieren oder andere Innereien mag, kann das Geschnetzelte auch ohne sie mit entsprechend höherem Kalbfleischanteil zubereiten.

Gegenwehr hingenommen und sie kleinlaut unten wieder aufgesammelt. Sich unter Köchen zu beklauen, das ist eine Todsünde, die gar nicht hart genug bestraft werden kann.

Todesängste in der Kühlkammer

Eine ganz andere Art der Strafe, die ich bis dahin noch nicht kannte und auch wirklich niemandem zur Nachahmung empfehlen kann, lernte ich von Fritz Wüttrich, dem »wilden Fritz«, der eine abenteuerliche Karriere als Schiffskoch hinter sich hatte und mit seiner raubeinigen Art für manchen Spaß, aber auch für ein paar angstvolle Momente sorgte. Wenn er jemandem eins auswischen wollte, ließ er eine Pfanne glühend heiß werden, lockte sein Opfer ins Kühlhaus, warf eine Handvoll Cayenne-Pfeffer oder Chili in die Pfanne, schob diese ebenfalls in den Kühlraum und schloss blitzschnell die Tür. Das Opfer war eingesperrt und durch die auf diese Weise freigesetzten Capsaicinoide einem so fürchterlichen Hustenreiz ausgesetzt, dass es schier zu ersticken drohte und im wahrsten Sinne Todesängste ausstand.

Ein anderer Scherz des wilden Fritz hätte uns, wenn es dumm gelaufen wäre, die Aufenthaltsgenehmigung in der Schweiz kosten können. Eine in Interlaken durchaus angesehene, für uns aber eher lächerliche Institution waren die Nachtwächter, die zu später Stunde mit Mofas durch die Stadt fuhren und kontrollierten, ob die Türen aller möglichen privaten und öffentlichen Einrichtungen ordnungsgemäß verschlossen waren. Einer dieser Komiker war wohl gerade auf seinem Kontrollgang und hatte seine Mobylette mit laufendem Motor abgestellt, als wir auf dem Heimweg waren. Fritz konnte der Versuchung nicht widerstehen, stieg auf das Gefährt des Securitas-Mitarbeiters und knatterte von dannen. Dieser lief ihm schreiend hinterher, bis er völlig außer Atem geriet und aufgab. Seine Erschöpfung war so groß, dass er sich nicht mehr wehren konnte und ohne weitere Maßnahmen mit der Mobylette, die ihm mein Kollege schließlich wieder überließ, davonfuhr. Fritz lachte sich halb tot, aber mir brach der Schweiß aus bei dem Gedanken, wie viel Ärger aus seinem Spaß hätte entstehen können.

Die Schweiz, auch das war eine neue Erfahrung für mich, er-

Eis-Soufflé mit Grand Marnier

Halb gefrorener Orangen-Likör-Auflauf, Rezept für vier bis sechs Personen – je nach Größe der Soufflé-Formen

Das braucht man

- 4 Eigelb
- 140 g Zucker
- 1 ½ Blatt Gelatine
- 150 ml Orangensaft (frisch gepresst, abgesiebt)
- 40 ml Grand Marnier
- 2 Eiweiß
- ¼ l Sahne
- 4 Bisquitböden (½ cm dick, rund ausgestochen)
- 2 EL dunkles Kakaopulver zum Bestreuen

So wird's gemacht

- Die Gelatine in etwas Wasser einweichen.
- Eigelb mit 60 g Zucker in einer Rührschüssel verquirlen, die eingeweichte Gelatine unterziehen. Die Flüssigkeit mit einem Schneebesen weiterschlagen und dabei im Wasserbad erwärmen, bis sie so eingedickt ist, dass sie einen Löffelrücken leicht bedeckt.
- Die Rührschüssel aus dem Wasserbad nehmen und weiterrühren, bis sie Raumtemperatur erreicht hat, dann 20 ml Grand Marnier und den Orangensaft einrühren. Alles im Kühlschrank etwa eine halbe Stunde erkalten lassen, bis die Masse sirupartig geworden ist.
- Die ausgestochenen Bisquitböden in die Soufflé-Formen setzen und mit dem restlichen Grand Marnier beträufeln.
- Manschetten aus Pergamentpapier doppelt falten und so zurechtschneiden, dass sie 4 cm hoch sind und rund um die Bisquitböden passen. Die Ränder mit zwei Klebestreifen verbinden und die Bisquitböden damit einfassen.
- Das Eiweiß steif schlagen und dabei 60 g Zucker langsam einrieseln lassen, dann mit dem Schneebesen vorsichtig unter die erkaltete Masse heben. Sahne ebenfalls steif schlagen und unter die Masse ziehen.
- So viel Masse auf die Formen geben, dass vom Papierrand oben noch etwa 2 cm überstehen. Die gefüllten Formen etwa acht Stunden ins Gefrierfach stellen.
- Vor dem Servieren die Soufflés vorsichtig mit gesiebtem Kakaopulver dekorieren, dann die Papiermanschette entfernen.

Profitipps

Die Oberfläche kann mit aromatisierter Schlagsahne, kandierten Orangenfilets, karamellisierten Walnüssen und anderen Früchten ganz nach Belieben garniert werden.

wies sich als Schmelztiegel zahlreicher Nationen, und ich machte mit den Menschen verschiedenster Herkunft die unterschiedlichsten Erfahrungen. Farouk zum Beispiel, unser Pâtissier, war ein Analphabet aus Ägypten, der kein Rezept lesen konnte, aber alle wichtigen Zusammensetzungen im Kopf hatte. Sein Soufflé Glacé Grand Manier ließ manche Damen fast in Ohnmacht fallen, und die Art, wie er aus einer frisch gebackenen Hippe in den wenigen Sekunden, bevor sie kalt und damit fest wurde, einen Zylinder formte, um ihn dann mit getränktem Biskuit und frischen Früchten zu füllen, habe ich in dieser Perfektion bei keinem anderen Künstler seiner Zunft gesehen.

Aber er war (wie fast alle Pâtissiers) eine Mimose, eine Primadonna. Einmal rastete er völlig aus, als Fritz einen Schweineschwanz auf den Fleischhaken steckte und ihm das Ensemble an den Vorstecker hängte. Faruk war Moslem, und die Berührung mit dem Schweineteil brachte ihn völlig aus der Fassung. Wir verstanden schnell, dass es hier um Wichtigeres ging als ein kleines Ärgernis, und brachten ihn nie wieder derartig in Verlegenheit.

Absolut humorlos habe ich einen Japaner in Erinnerung, der – zugegebenermaßen nicht ohne Grund – auf unseren Chef de Service, eine resche wasserstoffblonde Österreicherin, losging. Was war geschehen? Für eine ganze japanische Gruppe gab es an diesem Tag Profiteroles mit Schokoladensoße als Dessert. Sie wurden von der Hauptküche angeliefert, und es geschah an diesem Tag tatsächlich, dass bei einem Exemplar die Füllung zum Teil aus einer großen Kakerlake bestand. Man kann sich die Verfassung des Gastes aus Fernost vorstellen, als er die Dame mit lautem Brüllen bis zur Küche verfolgte. An der Schwenktür bekam ich ihn zu fassen und schob ihn zurück ins Restaurant. Gott sei Dank konnte er kein Karate, sondern akzeptierte, dass ich der Stärkere war.

Dass ich damals als kleiner Anfänger in der Küche wenig Freizeit hatte, kann man sich vorstellen. Und dass ich als junger Kerl einen guten Teil dieser knappen Zeit investiert habe, um den Mädchen nachzustellen, sicher auch. Zu den besten Möglichkeiten, die richtigen Kontakte zu bekommen, erwiesen sich Abstecher nach Luzern, wo wir Jagd auf »Ami-Girls« auf dem sogenannten Night Boat, einem Ausflugsdampfer mit Touristenprogramm, machten. Die erlebnishungrigen jungen Amerikanerinnen waren leicht aus der Reserve zu locken: Oft reichte schon ein Apfelmost, um ihnen die letzten Hemmungen zu nehmen, und dann konnte man nicht schnell genug eine Besenkammer oder einen anderen verborgenen Winkel finden …

Gab es nur schnellen Sex ohne große Gefühle in dieser Zeit? Nein – zumindest an eine Ausnahme erinnere ich mich noch immer, als sei es gestern gewesen: Ausgerechnet zwischen der Sekretärin meines obersten Chefs Emanuel Berger und mir entwickelte sich eine zarte Romanze. Immer wenn ich das Büro betrat, empfing sie mich mit einem zauberhaften Lächeln, das ich nur zu gerne zurückgab. Einmal, es war ein sonniger Tag im Frühherbst, hatte sie frei, und ich durfte sie ausführen. Wir lagen auf einer Blumenwiese, weit und breit kein Mensch, da wäre sie eigentlich »dran« gewesen – aber ich scheiterte an ihrer Standhaftigkeit. Erstaunlicherweise war ich nicht einmal richtig traurig darüber, denn sie gehörte nicht zu den »Ex und hopp«-Typen. So lächelten wir uns weiter bei jeder Begegnung an – bis zum Saisonende, als ich das Hotel verließ. Ich habe sie nie wiedergesehen, aber bis heute gehört ihr ein Platz in meinem Herzen.

Einige Prominente sind mir aus den Tagen im »Victoria Jungfrau« in besonderer und ganz unterschiedlicher Erinnerung geblieben. Allen voran der hervorragende Schweizer Bandleader Pepe Lienhard, der ein Idol meiner Jugend war und vor dem ich, der ich selbst gern Unterhaltungsmusik machte, größten Respekt hatte. Eine jugoslawische Bardame, die in dieser Zeit meine Flamme war, kannte ihn und vermittelte die Begegnung. Wir schüttelten uns die Hand und sprachen kurz miteinander, er war sehr freundlich und wirkte in keiner Weise herablassend.

Liveszene aus dem Hitchcock-Film

Eine andere Begegnung spielte sich tief in der Nacht ab und verursachte mir eine echte Gänsehaut. Nach meinem Spätdienst in der Küche gab ich gegen ein Uhr den Schlüssel an der Rezeption ab und trug mein Dienstende ins Logbuch ein. Dazu muss man sich vorstellen, dass die Lobby des »Victoria Jungfrau« vor dem Umbau ein mäßig beleuchteter Ort mit angestaubtem Ambiente war. Der blasse, ältere Rezeptionist hinter dem Tresen vervollständigte die Szenerie wie in einem Hitchcock-Film. Als ich gerade über das Buch gebeugt stand, hörte ich neben mir eine raue Stimme nach dem Zimmerschlüssel fragen – sie hatte so ein unvergleichliches Timbre, dass es mir wirklich Schauer über den Rücken jagte. Ich sah auf und erblickte eine eindrucksvolle Frau mit schwarzem Kopftuch, sie trug eine Sonnenbrille. Es war die große Elisabeth Flickenschildt, und ich erlebte sie wirklich so, wie sie in zahlreichen Kriminalfilmen auf ihr Publikum gewirkt hatte.

Mit täglich neuen, intensiven Erfahrungen vergingen die Tage im »Victoria Jungfrau« wie im Fluge, und schon bald neigte sich meine erste Saison in der Schweiz dem Ende zu. Kurz bevor ich dort meinen Abschied nahm, meldeten sich meine ehemaligen Lehrmeister aus der Berufsschule in Garmisch: Man berief mich in die Jungkoch-Nationalmannschaft, ich sollte zum Saisonende 1976 im Team mit meinem Freund Christian Weber um den Europameisterschaftstitel kochen. Der Wettbewerb wurde in Lindau ausgetragen, wir gewannen ihn mit Bravour und durften uns nun Europameister der Jungköche nennen.

Mit 700 Franken im Monat hatten mich die Schweizer gut entlohnt, sodass ich einen ordentlichen Betrag auf die Seite legen konnte. Es war mein Traum, in den Ferien zum ersten Mal nach Thailand zu reisen, aber dafür reichte es noch nicht aus. So tauschte ich auf Vermittlung meines Metzger-Freundes Willi die vornehme Schweizer Hotelküche für zwei Wochen mit dem Keller des Münchner Schlachthofs. Es war nicht die feinste Arbeit: Von den frisch abgezogenen Rinderhäuten durfte ich Fett, Hoden und Euter abtrennen, bevor sie zu Leder verarbeitet wurden. Das war enorm anstrengend, es stank wie die Pest, und am dritten Tag war ich so fertig, dass ich nicht wusste, wie ich den Job zu Ende bringen sollte. Aber ich habe es geschafft, und der Lohn von 120 Mark am Tag brachte die ersehnte Traumreise in greifbare Nähe.

Mindestens zehn Gewürze

Im Spätherbst des Jahres 1976 war es endlich so weit: Gemeinsam mit einem Kameraden, dem Saucier des »Metropol Hotels« in Interlaken, flog ich von Zürich nach Bangkok. Wir stiegen im »Rajah Hotel« ab, einer Herberge für den schmalen Geldbeutel, die heute noch existiert. Zum ersten Mal probierte ich dort die original Thai-

Tom Yum Goong

Thailands legendäre Garnelensuppe für vier Personen

Das braucht man

240 g Garnelen (ca. 12 Stück), geschält, entdarmt, mit Kopf
750 ml Geflügelbrühe
2 Knoblauchzehen
6 Kaffirlimettenblätter
40 g Galgant (wilder Ingwer)
4 Korianderwurzeln mit Stielansatz (Rad Pak Chee)
80 ml Fischsoße
4 Stangen Zitronengras
2 Schalotten
160 g Austernpilze oder Strohpilze
8 kleine Thai-Chilis
80 ml Limonensaft
1 EL Thai-Chilipaste (Nam Prik Pao)
20 g Korianderblätter zum Garnieren

So wird's gemacht

- Knoblauchzehen und Chilischoten zerdrücken, Galgant in ca. zwei mm dicke Scheiben schneiden, vom Zitronengras das untere weiße Drittel abschneiden und zerdrücken, die Schalotten klein schneiden und die Pilze in kleine Stücke zupfen.
- Alle Zutaten bis auf die Garnelen, die Chilipaste und die Korianderblätter in der Geflügelbrühe vorsichtig aufkochen.
- Garnelen hinzugeben, einmal kurz aufkochen und dann 30 Sekunden siedeln lassen.
- Chilipaste mit dem Löffel unterrühren, die Suppe mit Korianderblättern garnieren und sofort heiß servieren.

Profitipp

Für »Spicy Freaks« kann die Suppe auch mit mehr Limonensaft und Chili gewürzt werden.

Küche und war begeistert von der Geschmacksvielfalt. Selbst in den kleinen Garküchen auf der Straße wäre kein Koch auf die Idee gekommen, nicht mindestens zehn verschiedene Gewürze in feiner Abstimmung zu verarbeiten. Ich kann ohne Übertreibung sagen: Diese hohe Kultur des Kochens hat mich nicht nur kurzfristig begeistert, sondern nachhaltige Eindrücke hinterlassen, die bis heute mein berufliches Leben bestimmen.

Bangkok bescherte mir ein Wechselbad der Gefühle. Ich verbrachte sogar einen halben Tag im Gefängnis, weil jemand offensichtlich versuchte, mir finanziell ein Bein zu stellen. Wir fuhren leidenschaftlich gern Wasserscooter, aber dann erhielt ich ein Gefährt, bei dem der Stöpsel im Boden herausgezogen war, was ich natürlich nicht bemerkte, bis das Vehikel fast im Wasser versank. Die Verleiher veranstalteten ein großes Tamtam und wollten von mir astronomische Summen für die Rettungsaktion und das angeblich kaputte Wasserfahrzeug kassieren. Gottlob kam ich mit einem blauen Auge davon, weil ein in Bangkok ansässiger Deutscher den versuchten Betrug mitbekam und mir aus der Misere half.

Weitaus angenehmer ist mir die Erinnerung an den ersten Maßanzug, mit braunen Nadelstreifen, den ich mir bei einem Inder schneidern ließ und nach der Rückkehr voller Stolz meinen Eltern vorführte.

Der erste Besuch in Thailand war kurz, ich hatte nur zwei Wochen Zeit, aber er stellte wichtige Weichen in meinem Leben. Zunächst aber kehrte ich zurück in die Schweiz und trat die Wintersaison im Hotel »Mont Cervin Palace« in Zermatt an. Vieles war dort anders als in meiner ersten Saison – schon die Anreise. Die Zugfahrt nach Brig dauerte eine gefühlte Ewigkeit, dann ging es das letzte Stück mit der Zahnradbahn in den Wintersportort, in dem keine Autos zugelassen waren und daher nur Elektrokarren und Pferdekutschen verkehrten.

Im Hotel selbst kannte ich außer Bernhard Gutmann nur den Küchenchef Siegrist, mit dem ich in Interlaken zusammengearbeitet und durch dessen Vermittlung ich diesen Saisonjob bekommen hatte, alle anderen waren mir fremd – und sollten es zum Teil auch bleiben. Besitzer des Hotels war eine Familie Seiler, ursprünglich aus der Schweiz, dann nach Brasilien ausgewandert, deren Mitglieder immer wieder einmal unangemeldet auftauchten, um nach dem Rechten zu sehen. An der Spitze des Hauses stand Pinkwarth, der Babyface-Direktor aus Deutschland mit seiner überblassen Frau. Der Souschef Krüter mit Dschingis-Khan-Bart und Fußballerfrisur entpuppte sich als Blender, der Rotissier Lukas Rosenblatt als Trittbrettfahrer und Deutschenhasser. Gleichwohl hat er als kulinarischer Literat in der Schweiz eine beachtliche Karriere gemacht.

Zu den angenehmen Menschen gehörten Bernhard, mit dem ich mir ein Zimmer im »Felsenhaus«, dem Personalhaus des Hotels, teilte, und Jerry Lefevre, ein Kochkommilitone aus Vermont, USA, der mit seiner lustigen Art gut bei den Gästen ankam. Es gab in unserem Hotel jeweils ein Menü, das man à la carte frisch aus der Küche bestellen konnte, und eine Auswahl erstklassiger Spezialitäten, die direkt von einem Speisewagen serviert wurden. Dazu gehörten Roastbeef, Yorkshire-Pudding, Honeyglaced Virginia Ham und das berühmte Beef Wellington. Jerry und ich hatten im Wechsel die Aufgabe, den Wagen durch das Restaurant zu schieben und den Gästen die Speisen vorzulegen. Jerry wirkte ein bisschen wie sein Namensvetter, der Komiker Jerry Lewis. Seine Glanznummer bestand darin, sich spontan ans Piano zu setzen und mit unvergleichlichem Minenspiel »Moonlight in Vermont« zum Besten zu geben.

Aber nicht nur er ist mir musikalisch aus dieser Zeit in Erinnerung geblieben. Als ich den Wagen einmal durch die Reihe schob, bin ich vor Aufregung fast umgefallen. Vor mir saßen alle vier Mitglieder der damals wohl berühmtesten Gruppe der Welt: Abba. Sie machten Urlaub in unserem Hotel, und ich hatte ein paar Mal Gelegenheit, ihre Teller zu füllen.

Ein anderer Gast, der in diesen Tagen bei uns weilte und sich im »Pöstli« mit seiner Großzügigkeit sehr beliebt machte, war Jon Lord, der Mitbegründer und Organist von Deep Purple. Ein weiterer Prominenter, den ich zwar nicht persönlich kennengelernt habe, der mir aber mit seinem auffälligen Outfit noch heute in Erinnerung ist, war Charles Bronson. Er kam zu Dreharbeiten nach Zermatt und joggte bei Regen mit gelben Gummistiefeln und einem Friesennerz durch den Ort.

Als ein besonders unangenehmes Exemplar der prominenten Zeitgenossen ist mir Mick Flick in Erinnerung, der auf arroganteste Art zeigte, dass man sich mit dem nötigen Kleingeld im Rücken alles leisten kann. Ich erlebte, wie er mit seinem Leibwächter im Restaurant Platz nahm und dieser demonstrativ seine Pistole auf den Tisch knallte. Viele Gäste suchten daraufhin das Weite, aber das störte die beiden in keiner Weise. Man erzählte sich auch, wie er im Jahr zuvor einmal so ausgerastet war, dass er die Bar des Hotels zu Kleinholz schlug. Als er sich wieder beruhigt hatte, überreichte er dem Direktor einen Scheck über 60 000 Franken mit den Worten: »Kauft euch eine neue.«

Aber noch wichtiger als die Promis, die zuhauf nach Zermatt kamen, waren mir natürlich die Damen. Wenn am Wochenende große An- und Abreise war, gehörte es für uns Jungköche zum Ritual, an die Station der Zahnradbahn zu gehen und die Neuankömmlinge zu taxieren. Natürlich gab es sofort Diskussionen, welche Damen eventuell rumzukriegen seien. Der erste Kontakt ergab sich zwanglos in den wenigen Lokalen, in denen man sich am Abend traf. Ich staune heute noch, wie viele erlebnishungrige Damen jeden Alters auf unsere mehr oder minder deutlichen Offerten eingingen. Peinlich wurde es nur, wenn ich eine überzeugt hatte, mir in meine Bude zu folgen, und unser Quartier bereits von Bernhard und seiner Eroberung belegt war. Bisweilen mussten dann abenteuerliche Orte herhalten, um unbeobachtet auf Tuchfühlung zu gehen. Ich erinnere mich an ein paar blaue Flecken, die ich mir mit meiner Angebeteten auf dem Rücken des ausgestopften Steinblocks im Eingang des Alpenmuseums zuzog.

Was uns wirklich Kummer machte, waren die horrenden Preise für Alkohol in der Schweiz. Um wenigstens einen gewissen Pegel zu erreichen, ohne finanziell zugrunde zu gehen, war »Vorglühen« in der Hotelküche angesagt. Dafür hatten wir uns einen fabelhaften Trick ausgedacht. Die feinen Getränke – wie Cognac, Rum und verschiedene Likörsorten – befanden sich unter der strengen Kontrolle des Küchenchefs. Wenn wir ihn für die Morchelsoße um die entsprechenden Flaschen baten, schaute er genauestens darauf, dass der Inhalt ausschließlich in den Kochtopf wanderte. Allerdings verwendeten wir einen Topf, in dem mitnichten die Soße gekocht wurde, sondern einen kleinen, leeren Topf, in dem das kostbare Nass aufgefangen wurde. Eine Weile lang ging diese Beschaffungsmaßnahme gut, dann kam er uns leider auf die Schliche und griff zum simpelsten Gegenmittel: Er salzte die Spirituosen und machte sie damit ungenießbar.

Wir mussten uns also etwas anderes ausdenken, um preisgünstig an die begehrten Getränke zu kommen. Ein Ausflug der Küchenbrigade mit Skiern nach Cervinia im nahen Italien brachte uns auf die Idee, die Spirituosen dort zum erheblich günstigeren Preis einzukaufen. Leider liefen wir auf dem Rückweg ein paar Zollfahndern in die Arme. Ich war der Einzige, der nicht kontrolliert wurde, die anderen mussten für das Vergehen teuer bezahlen. Von da an verzichteten wir lieber auf den Schmuggel.

Gourmet-Freuden mit geschmolzenem Käse

Zu meinen kulinarischen Entdeckungen in Zermatt gehörte das Raclette. In den Stuben, in denen es serviert wurde, stank es zwar, als hätten sich manche Gäste die Füße nicht gewaschen, aber der Geschmack war köstlich. Ich kaufte mir einen Raclette-Ofen, den ich später in meinem elterlichen Betrieb mit großem Erfolg zum Einsatz brachte. Geschmolzener Käse, ein paar Kartoffeln, Cornichons, Silberzwiebeln und etwas Pfeffer aus der Mühle, das war die ganze Kocherei, und das Ergebnis konnte auch Gourmets überzeugen.

Ich selbst war wohl am meisten überrascht, als ich beim Amateursänger-Wettbewerb der Schweiz auf Anhieb den zweiten Platz erreichte.

Mit meiner Gitarre und meinen Liedern hatte ich im Freundeskreis viel Anerkennung gefunden – das brachte mich auf die Idee, mich am »Concours Chanteur Amateur de Swiss« zu beteiligen. Zu meiner eigenen Überraschung belegte ich auf Anhieb den zweiten Platz, ein Jahr später sollte es sogar für den Spitzenplatz reichen.

Schon nach meinem ersten Erfolg erhielt ich von Direktor Pinkwarth das Angebot, im Nachtclub unseres Hauses zu singen.

Natürlich erkundigte ich mich erst einmal nach der Gage. »Kein Geld – dafür aber Getränke«, lautete seine Antwort, und das kam mir gerade recht. Ein Gin Tonic kostete damals in der Schweiz etwa 18 Franken. Ich hatte mir angewöhnt, mein monatliches Salär immer in diese Getränke-Währung umzurechnen, und es war eine überaus verlockende Aussicht, in Zukunft das Geld zu sparen, selbst trinken zu können und auch noch der einen oder anderen Dame mit einer großzügigen Einladung zu imponieren.

Honorar gab es keines für meine Sangeskünste im Nachtclub des Hotels, dafür aber jede Menge freie Getränke – für mich und für meine Damen.

Das Konzept funktionierte hervorragend. Regelmäßig trat ich nun in der »Matterhorn-Stube« mit einem österreichischen Trio aus Graz auf und konnte mir die Damen danach regelrecht aussuchen. Nicht selten sah mich eine fragend an und erklärte, sie würde mich von irgendwoher kennen. »Vielleicht aus dem Fernsehen«, antwortete ich dann vieldeutig und lachte innerlich, denn mein Gesicht hatte sie nicht auf dem Bildschirm gesehen, sondern eine Stunde vorher, als ich ihr in voller Kochmontur am Gala-Büfett die Forellenfilets auf den Teller gelegt hatte.

Zu meinen Freunden und Lehrmeistern, gerade was den Umgang mit dem anderen Geschlecht betraf, gehörte in diesen Monaten Renato Cenci, der Masseur in unserem Haus und ein wahrer Eidgenossen-Gigolo. Mit seinem Seidenhalstuch und dem halb offenen Hemd hatte er unglaublichen Erfolg beim anderen Geschlecht und nutzte dafür nicht selten sein Dienstzimmer mit der Massagebank. Auch eine sehr prominente Industriellengattin aus Deutschland gehörte zu seinen »Kundinnen«. Immer wenn sie zur Massage kam, wurde sie von ihrem gelangweilten Gatten begleitet, der vor der Kabine Platz nahm und sofort in einen Halbschlaf verfiel, wenn er allein gelassen wurde. Renato hatte mich gebeten, darauf zu achten, dass das Liebesspiel nicht gestört würde, und so beobachtete ich grinsend aus einiger Entfernung, wie der Herr friedlich schlummerte, während es hinter der Wand alles andere als friedlich herging.

Salat in feinsten Streifen

Ich eiferte ihm fleißig nach. Zu meinen Eroberungen gehörte ein weiblicher Gouvernanten-Lehrling, die junge Dame besuchte mich spätnachts, während ich als letzter wachhabender Koch unsere Club Sandwiches vorbereitete. Sie waren wirklich legendär, unser Küchenchef bestand darauf, dass sie buchstabengetreu nach dem Originalrezept zubereitet wurden: Der Salat war in feinste Streifen geschnitten (Chiffonade) und mit Mayonnaise angemacht, dazu kamen dünne Scheiben von Roasted Chicken und ein Spiegelei, das auf amerikanische Art von beiden Seiten angebraten wurde und innen noch semi-soft sein musste. Zusammengehalten wurde der kunstvolle Turmbau von einem Spieß, dessen oberes Ende mit einer Cipollata, einem pikanten italienischen Ziebelwürstchen, und einer kleinen Fahne aus kross gebratenem Speck dekoriert war. Dazu gab es nicht, wie in vielen anderen Häusern, billige Chips, sondern erstklassige, hausgemachte Pommes frites. Auch die junge Dame sah mich mit großen Augen an und bat mich um eines – ich aber führte sie in die Rüstkammer, da war das Sandwich vergessen.

Trotz vieler amüsanter Anekdoten, so richtig warm wurde ich mit Zermatt nicht. Die schroffen Felsen rundherum ließen immer wieder eine Art Platzangst in mir hochkommen, dazu lag unsere Hotelküche im Keller, und wir schufteten meist wie die Tiere. Ein Grund dafür waren die zahlreichen Wehrübungen in der Schweiz, die viele einheimische Kollegen zum Vorwand nahmen, um sich immer genau dann abzusetzen, wenn die Arbeit am härtesten war. So fiel mir, als die Saison nach fünf Monaten zu Ende ging, der Abschied nicht schwer, zumal schon ein anderer Arbeitsplatz auf mich wartete, der mir wesentlich attraktiver erschien: im »Beau-Rivage Palace« im Lausanner Stadtteil Ouchy.

Feinste französische Lebensart

Das »Beau-Rivage Palace« war ein Weltklassehotel, nicht nur der Name, sondern sein ganzes Flair symbolisierte feinste französische Lebensart. Ich sah meinem Aufenthalt dort in der Sommersaison 1977 mit größten Erwartungen entgegen. An der Spitze des Hauses stand Monsieur Schnyder mit seiner hübschen Frau aus München und seinen beiden Söhnen, er blickte damals schon auf eine langjährige Karriere im New Yorker »Waldorf Astoria« zurück. Ihm zur Seite standen die Directrice Madame Müller, Küchenchef Louis Pelletier, der Traiteur Monsieur Cornu und Restaurant-Küchenchef Peter Bärmann. Zum Team gehörte auch Heinz Mühlbacher. Er galt als einer der besten Gardemangers der Schweiz, deshalb bewarb ich mich als sein Commis. Leider wurde er kurz darauf Souschef, sein Nachfolger war ein junger Schnösel mit Porsche, aber ohne jedes Feingefühl für diesen Job – Gott sei Dank dauerte die Zusammenarbeit mit ihm nur kurze Zeit.

    Das Hotel war nobel, die Unterbringung des Personals aber unter jedem Niveau. Köche und Spüler wohnten in der Uisine, einem ehemaligen Fabrikgebäude oberhalb des Hotels, in dem es Zimmer für bis zu sieben Personen gab. Ich hatte noch relativ viel Glück und bezog eine Zweibettkammer mit einem deutschen Kochkollegen. Der Zufall will es, dass er heute, 37 Jahre später, wieder eine leitende Position in meinem Restaurant bekleidet.

    Es waren gerade ein paar Wochen vergangen, da fragte mich Peter Bärmann, der Chef des »Wellingtonia Grills«, ob ich zusammen mit Willi Felder bei ihm arbeiten wolle. Das war das Beste, was mir passieren konnte. Bärmann, ein frankophiler Bayer, machte seinem Namen alle Ehre. Mit seinem Vollbart und seinem dröhnenden Bass war er bei jedermann beliebt, und auch Willi kam als begnadeter Laienschauspieler und Klarinettist bei den Gästen gut an. Gemeinsam bildeten wir ein Trio, das dem Restaurant Ehre machte.

Ein anderer Trend bei den Köchen befremdete mich dagegen sehr: Einige von ihnen kompensierten den Stress in der Küche mit Marihuana und anderen Drogen. Ich lehnte das strikt ab und nutzte die wenigen Freistunden lieber, um mit Willi in einer Art Vokabeltraining mein Küchenwissen zu erweitern. So oft es unser Dienstplan zuließ, saßen wir in unserer Stube oder im Park und fragten uns gegenseitig die Garnituren aus Escoffiers *Répertoire de la cuisine* ab.

Ein Menü für Charlie Chaplin

Viele Menschen, denen man in diesem wechselvollen Job begegnet, geraten früher oder später wieder in Vergessenheit, ein paar aber bleiben einem aus den verschiedensten Gründen im Gedächtnis. Zu den herausragenden Persönlichkeiten, die ich in dieser Zeit unter den Gästen kennenlernen durfte, gehörten Charlie Chaplin und seine Frau Oona. Es beeindruckte mich tief, dass ich die beiden bekochen durfte, das Menü weiß ich heute noch: Artischocke mit Sauce hollandaise, Stubenküken mit geschmolzenen Tomaten und als Dessert soufflierte Passionsfrüchte.

Weniger erhebend war die Begegnung mit Percy Sullivan, dem selbst ernannten King of Curry aus Indien. Er versuchte während seiner Promotion bei uns im Hotel mit aller Macht, meine sexuellen Neigungen zu ändern. Die kurze Lederhose, die ich gerne trug, schien ihn ganz besonders zu animieren. Als er mich während der Fête de Lausanne mit einem Mädchen tanzen sah, erregte ihn das so, dass er mir lautstark und theatralisch seine Liebe versicherte und damit beinah eine handfeste Schlägerei ausgelöst hätte.

Weit mehr beeindruckte mich die letzte indische Maharani, die für ein paar Tage in unserem Hotel weilte und von vielen männlichen Bewunderern lustvolle Blicke erntete, wenn sie am Fenster ihres Zimmers stand und stundenlang mit lasziven Bewegungen ihr Haar bürstete. Mit uns Köchen hat sie es sich allerdings verdorben, als sie ein schottisches Moorhuhn, genannt Crouse, orderte, das eigens für sie eingeflogen werden musste, im Einkauf 143 Franken kostete und noch nicht einmal nach angenehmem Wildgeflügel, sondern mehr nach Fichtennadeln schmeckte.

Im Gedächtnis geblieben ist mir auch ein sehr prominenter deutscher Politiker, der bisweilen heute noch im Fernsehen auftaucht und damals gekommen war, um sich von Oskar Kokoschka porträtieren zu lassen. Das war aber offensichtlich nicht sein einziges Vergnügen, denn unsere Kollegen vom Room Service beobachteten, wie eine Sekretärin frühmorgens sein Zimmer im Bademantel verließ. Auch Politiker sind eben nur Menschen.

Meine Erfahrungen mit dem weiblichen Geschlecht erweiterten sich ständig. Mit Vergnügen erinnere ich mich an einen weiblichen Gouvernanten-Lehrling aus Frankreich, der die häufig gestellte Frage »Was ist eigentlich so besonders an den Französinnen?« überzeugend beantwortete. Weil der Zutritt zu den Zimmern der weiblichen Hotelangestellten strengstens verboten war, mussten wir wahrlich kreativ werden, um ein geeignetes Plätzchen zu finden. Ihr folgte Jacqueline aus Basel, die über ein ausgesprochen schönes Dekolleté verfügte. Sie machte gerade Karriere bei der Swissair, und ich wäre gerne länger mit ihr zusammen geblieben. Aber schon bald war ich für sie als angehende Flugkapitänin nicht mehr gut genug.

Wein erzeugt größere Glücksgefühle

Aber auch ganz andere Genüsse hinterließen in dieser Zeit ihre Spuren: Nachdem für mich über viele Jahre der Gin Tonic das Maß aller alkoholischen Getränke gewesen war, entdeckte ich ausgerechnet in der Schweiz meine Liebe zum Wein. Fendant, Saint-Saphorin, der Dézaley und der Dôle sind wunderbare Gewächse, ihr Genuss, so erfuhr ich, löst weit nachhaltigere Glücksgefühle aus als die Longdrinks, die ich vorher immer bevorzugt hatte. Einmal jedoch hätte der Wein beinahe eine Katastrophe verursacht, als wir nachts am Ufer des Lac Léman eine Küchenparty feierten und angetrunken unseren Albino-Koch ins Wasser warfen – er hatte noch sein Glas und die Kamera in den Händen. Keiner von uns wusste,

Soufflierte Passionsfrüchte

Charlie Chaplins Lieblings-Süßspeise – für zwei Personen

Das braucht man

3 große Passionsfrüchte
3 Eier
3 EL Zucker
½ Vanilleschote
1 Pfund Salz als Unterlage
1 Pfund Kristallzucker als Unterlage
etwas Puderzucker zum Bestreuen

So wird's gemacht

- Die Passionsfrüchte in sechs Hälften teilen, das Fleisch auskratzen und durch ein feines Sieb passieren, die Schalenhälften aufheben. Die Eier trennen. Das Mark aus der Vanilleschote kratzen.

- Den passierten Saft mit dem Vanillemark erhitzen, die Eigelbe hinzugeben, schnell verrühren, und die Kasserolle sofort vom Herd nehmen, damit das Eigelb nicht gerinnt, zur Seite stellen und abkühlen lassen.

- Das Eiweiß mit dem Zucker und einer Prise Salz steif schlagen und vorsichtig unter die Passionsfrucht-Eigelbmasse heben.

- Die Soufflé-Masse mit einem Löffel in die Passionsfruchtschalen bis knapp unter den Rand füllen. Auf ein Backblech ein Pfund Salz schütten und die gefüllten Schalen so daraufsetzen, dass sie nicht umfallen können. Alles für 15 bis 18 Minuten in einem auf 160° (Umluft) vorgeheizten Ofen backen.

- Auf zwei Tellern den Kristallzucker verteilen (er dient wieder als Unterlage, damit die Früchte nicht umfallen können), die Soufflés aus dem Ofen nehmen, mit Puderzucker bestreuen und sofort servieren.

Profitipp

Als kalte Variante: Unter die erkaltete Grundmasse 100 ml geschlagene Sahne ziehen und in die Schalenhälften füllen.

dass er nicht schwimmen konnte, es gelang mir im letzten Augenblick, ihn ans Ufer zu ziehen.

Jacques Schubert, unser Pâtissier, nahm mich mit nach Lyon. Sein Apartment dort lag in einem Haus, dessen Fundamente angeblich über 2000 Jahre alt waren. Im ersten Stock gab es ein paar Fenster, in denen die Scheiben fehlten – der Schaden stammte noch von den Bombenangriffen der Deutschen im Zweiten Weltkrieg.

Jacques verdanke ich ein paar besondere Gaumengenüsse. In Lyon kostete ich auf seine Empfehlung die Quenelles de brochet lyonnaise, ein rustikales Gericht aus Hechtklößen mit Cremechampignons und ein echter Vorreiter der Nouvelle Cuisine. Von seinen eigenen Rezepten war für mich immer die Beerencharlotte im Hippenmantel der größte Renner. Und Jacques war es auch, der mich an einem meiner freien Tage mitnahm in die heiligen Hallen von Collonges-au-Mont-d'Or, wo die Legende Paul Bocuse residierte. Sein Charisma hat mich unendlich beeindruckt.

Es müssen nicht immer die großen Namen sein, auch in weniger prominenten Restaurants habe ich herrliche Geschmacksnuancen der französischen Küche genossen. Ich war begeistert von bürgerlichen Gerichten wie Cassoulet und Daube de bœuf. Wann immer es unser Budget erlaubte, setzten wir über nach Evian auf die französische Seite des Genfer Sees und genossen dort für umgerechnet ganze 35 Franken ein hervorragendes Fünf-Gänge-Menü mit Wein, bei dem regelmäßig die Pâté de Maison zu den besonderen Highlights zählte.

Zu den kulinarischen Sternstunden in Lausanne gehörte für mich, als wir eine getrüffelte Poularde in der Schweineblase zubereiteten. Und neu war auch die Erkenntnis, wie gut sich der Noilly Prat, ein besonders aromatischer Wermut aus Südfrankreich, als Begleiter für Fischsoßen und Périgord-Trüffel in Gänseschmalz eingelegt eignet. Die meisten dieser Küchengeheimnisse verdanke ich meinem Mentor Peter Bärmann, der später als Chef das Restaurant »Grappe d'Or« in Lausanne übernommen hat.

Es bahnte sich mein nächster Asienbesuch an. Unser Kollege Erich aus Österreich hatte sich von Lausanne aus im »Mandarin« in Singapur beworben und dort tatsächlich einen Vertrag als Souschef bekommen. Er drängte uns, ihn dort möglichst bald zu besuchen, und dazu ließen wir uns nicht lange bitten.

Meine erste Begegnung mit Koriander

Wir hatten die Reise zu dritt geplant: mein Kollege Stalder, der unvergleichliche Renato und ich. Nach dem Flug von Zürich nach Bangkok wollten wir nur kurz in Thailands Hauptstadt bleiben, anschließend ein paar Tage weiter nach Pattaya und dann mit dem Zug nach Singapur fahren. Unsere Unterkunft in Bangkok war natürlich wieder das »Rajah Hotel«.

Gleich am ersten Abend hätte meine Karriere eine ganz neue Richtung nehmen können: In einem Nachtlokal baten uns ein paar Matrosen von Hapag Lloyd um Hilfe, weil einer ihrer Kollegen so sturzbetrunken war, dass sie ihn nicht alleine an Bord zurückbrachten. Ich packte mit an und trug mit ihnen den Mann zum Frachter. Dort wollte mich der Kapitän sofort anheuern, weil sein Koch gerade im Krankenhaus von Bangkok lag und für den nächsten Teil der Reise ausfiel. Vielleicht wäre das eine lustige Erfahrung geworden, aber ich hatte bereits meinen Vertrag für die nächste Wintersaison in der Schweiz unterschrieben, und so kehrte ich ohne neue Perspektive an Land zurück.

Manchmal hinterlassen kurzfristige Eindrücke eine nachhaltige Wirkung. Ich erinnere mich noch heute, wo und in welchem Gericht ich zum ersten Mal bewusst frischen Koriander wahrnahm: Es war in einem Yum Wun Sen Glasnudelsalat im Coffee Shop unseres »Rajah Hotels«. Der Geschmack hat mich tief beeindruckt, und Koriander spielt noch heute eine zentrale Rolle in meiner Küche.

Nach ein paar erholsamen Tagen in Pattaya kehrten wir nach Bangkok zurück und stiegen dort morgens um fünf Uhr in den Zug Richtung Singapur. Renato hätte uns um ein Haar in größte Schwierigkeiten gebracht, denn am Grenzübergang nach Malaysia beobachtete er eine Drogenübergabe am Bahnsteig und konnte der Versuchung nicht widerstehen, die Szene zu fotografieren. Unglücklicherweise sah das einer der Dealer – und von diesem Augenblick an lebten wir in panischer Angst. Bei einer Zwischenstation in Penang wechselten wir innerhalb von zehn Minuten dreimal das Taxi, um unsere Verfolger abzuschütteln. Dann quartierten wir uns in einer chinesischen Herberge mit feuchter Bettwäsche, Deckenventilator, aber ohne Klimaanlage ein, die Nacht dort kostete ganze drei Dollar. Ein halb blinder Taxifahrer chauffierte uns in haarsträubender Manier immer am Rande der Klippen entlang zum Schlangentempel, einer der Sehenswürdigkeiten in Penang. Er beeindruckte mich wenig, umso mehr dafür der Geschmack von Ethnofood in einem indischen Banana-Leaf-Restaurant. Gegessen wurde ohne Besteck, es gab Curry und Reis nur auf Bananenblättern – gigantisch!

Roti-Köche und Strudelteig

Stundenlang konnte ich auch den Roti-Köchen in Malaysia zuschauen, wie sie den Teig immer wieder in die Luft warfen und dabei hauchdünn auszogen. Die Ähnlichkeit zur österreichischen Zubereitungsweise des Strudelteigs war unverkennbar.

Schließlich erreichten wir Singapur, damals schon eine Wahnsinnsstadt. Der Bauboom hatte gerade erst begonnen, und das Nebeneinander von Aufbruchstimmung und jahrhundertealter Tradition, zum Beispiel in der Boogie Street oder im alten »Raffles Hotel«, erzeugte ein ganz besonderes Flair. Auch beeindruckte mich zutiefst, wie hier drei völlig verschiedene Rassen, Inder, Chinesen und Malaysier, total friedlich miteinander leben. Und Singapur machte natürlich auch kulinarisch seinem Ruf alle Ehre. Kleine Restaurants, Garküchen auf der Straße, die sogenannten Hawker Stalls, und ausgedehnte Food Plazas – überall wurde hervorragendes Essen serviert. Fast nationalen Status dort hat der Chicken Rice, auch bekannt als hainanesisches Huhn, ein Gericht, das Arbeiter von der Halbinsel Hainan mit nach Singapur gebracht hatten.

Wir wollten unser Versprechen halten und Erich im »Mandarin« besuchen, damals eine Topadresse der Stadt. Küchenchef war Charles Benz, Personalchefin seine Frau Mercedes (ja, sie hieß mit vollem Namen tatsächlich Mercedes Benz). Die schöne Mercedes begrüßte uns allerdings ganz und gar nicht freundlich, sondern schimpfte wütend, weil Erich, unser Exkollege aus dem »Beau-Rivage Palace«, zwar seinen Vertrag unterschrieben, aber die Stelle nie angetreten hatte. Wir waren sichtlich überrascht. Und was auch immer da vorgefallen sein mag, ein Jahr später, so hörte ich, war Erich dann tatsächlich im »Mandarin« beschäftigt.

Eine Erinnerung an Singapur hat sich im Nachhinein fast als Vision erwiesen: Irgendwann während unseres Aufenthalts stand ich vor dem »Hilton Hotel«, sah an der beeindruckenden Fassade hinauf und dachte im Stillen: »In so einem Hotel mal Küchenchef zu sein – das wär's!« Tatsächlich sollte es gar nicht mehr so lange dauern, bis sich dieser Traum erfüllte.

Zu den für uns faszinierendsten Lokalen in Singapur gehörten der »Club 59«, der »Scotch-Club« und der »Hunters Pub«, allesamt klassische Hangouts für Seeleute und Weltenbummler, die neben Dart-Spiel und Billard etwas Liebe suchten. Die meisten der Mädchen dort kamen aus Indien und Malaysia, einige auch aus Thailand, und dazu gab es Philippininnen, die als Kindermädchen und Haushälterinnen arbeiteten, sich in der Freizeit aber mit der Liebe noch ein Zubrot verdienten. Wir haben das Treiben in diesen Kneipen ausführlich studiert, aber es war immer eine gewisse Vorsicht angesagt, denn viele der jungen Damen waren Mitglieder der »Butterfly Gang«, damals die Mafia von Singapur mit überwiegend weiblichen Führungskräften. Die Zugehörigkeit der Mädchen ließ sich leicht an einem kleinen Schmetterlings-Tatoo auf der Innenseite des Oberschenkels erkennen, und es kursierten die wildesten Geschichten über blutige Auseinandersetzungen in der Gang. Wenn Konkurrentinnen aufeinander losgingen, schütteten sie sich bisweilen Säure ins Gesicht, um Schönheit und Karriere der Rivalin für den Rest des Lebens zu beenden, oder sie gingen mit abgebrochenen Rasierklingen unter den Fingernägeln aufeinander los.

Am Ende unserer Asienreise stand ein Abstecher auf die Philippinen. Unser Budget war schon ziemlich geschrumpft, und so stiegen wir in einem spottbilligen Hotel ab – das rettete uns vielleicht das Leben. Denn das »Filippina Hotel« mit etwas höheren Preisen, das von den meisten Touristen bevorzugt wurde und direkt neben unserer Unterkunft lag, brannte in dieser Nacht fast bis auf die Grundmauern nieder.

Es gab zwar ein paar beeindruckende Sehenswürdigkeiten (wir besuchten die Pagsanjan-Wasserfälle und sahen zu, wie die Dschungel-Stadt abgebaut wurde, in der ein Jahr vorher weite Teile des Marlon-Brando-Klassikers *Apokalypse Now* gedreht worden waren), aber so richtig warm wurde ich mit der Region nicht. Die Art, wie die philippinischen Mädchen den amerikanischen Slang nachäfften, gefiel mir ebenso wenig wie die enge Anlehnung der Esskultur an amerikanische Vorbilder. So waren wir nicht traurig, als wir nach wenigen Tagen den Rückweg antreten mussten. Vom Land der 33 000 Inseln ging es zunächst zurück nach Singapur und dann weiter in die Schweiz, wo die nächste Wintersaison auf mich wartete.

Der Erhängte ist verschwunden

Zum zweiten Mal trat ich 1977/78 einen Winter lang im Hotel »Mont Cervin Palace« an. Allerdings verspürte ich keinerlei Lust, wieder im Felsenhaus zu wohnen, deshalb organisierte ich mir ein eigenes kleines Apartment. Immerhin hatte ich ja einen kleinen Karrieresprung gemacht und arbeitete in dieser Saison als Horsd'œuvrier. Mein Gardemanger war Gottfried Lenz, ein Top-Mann der Hotellerie, von dem ich viel gelernt habe. Anfänglich gehörte noch Schüppach zur Küchenmannschaft, dem ich ein paar äußerst

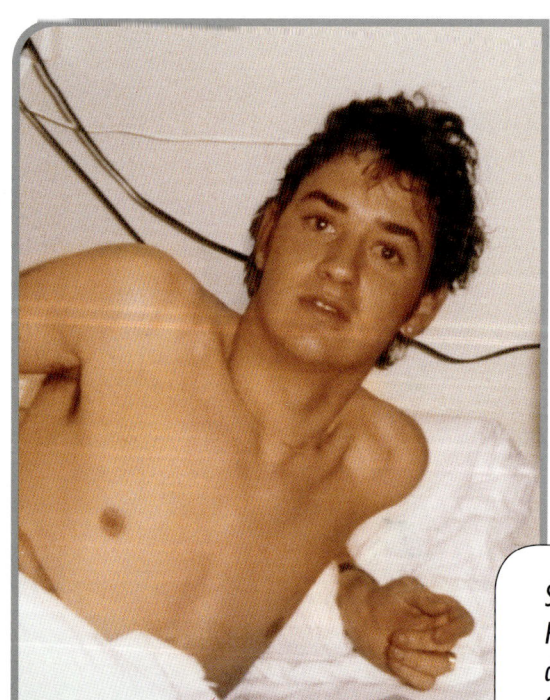

skurrile Erlebnisse verdanke, er wurde später degradiert und verschwand aus meinem Gesichtsfeld.

Schüppach war für jeden Spaß zu haben. Eines Nachts knüpften wir ihn in einem dunklen Gang auf – wissend, dass er dort von dem schwulen Nachtconcierge Süßholz auf dessen Kontrollgang gefunden würde. Der Arme schrie so laut um Hilfe, dass die gesamte italo-spani-

Schüppach nannte sich selbst den »ersten Punker der Schweiz«. Er war ein Verrückter, dessen Scherze mir manchen Schweißausbruch beschert haben.

sche Kellnerbrigade anrückte. Der »Erhängte« wusste sich nur zu helfen, indem er perfekt das Geräusch eines letzten Darmwindes simulierte, darauf zog sich die ganze Mannschaft entsetzt zurück. Wir nutzten den Augenblick, um ihn von dem Strick zu befreien, und flohen durch die dunklen Gassen von Zermatt. Der Concierge alarmierte Arzt und Hubschrauber, aber als die anrückten, war kein Erhängter mehr zu finden. Man kann sich unschwer vorstellen, welches Donnerwetter der Hoteldirektor am nächsten Tag veranstaltete, ohne jedoch einen Schuldigen dingfest machen zu können.

Kurz darauf hat mich Schüppach jedoch selbst fast genauso schlimm drangekriegt. Er tat sich mit dem Küchenchef zusammen, der mich beauftragte, Schnecken aus der Tiefkühltruhe zu holen. In dieser lag Schüppach, das Gesicht mit Mehl so weiß geschminkt, dass ich allen Ernstes meinte, einen tiefgefrorenen Schweizer vor mir zu haben, und mich zu Tode erschreckte. Die Horrorszene klärte sich erst auf, als meine Kumpanen sich vor Lachen nicht mehr halten konnten.

Mir verging das Lachen, als in der Silvesternacht 1977/78 einer meiner Schneidezähne unter Eiter lag und mein Gesicht zuschwoll, als hätte ich zehn Runden Boxkampf gegen Mike Tyson überstanden. Das allein war schon schmerzhaft genug, reute mich aber ganz besonders, weil gerade eine slawische Dame aus Interlaken zu Besuch gekommen war, mit der ich Silvester hatte verbringen wollen. Daran war in meinem Zustand nicht zu denken, und ich schickte sie wieder nach Hause.

Getröstet hat mich bald darauf Silvana, die schwerreiche Frau eines kolumbianischen Diamantenhändlers. Ich machte wieder in der »Matterhorn-Stube« Furore mit meinen Gesangseinlagen von Elvis und Trini Lopez und lernte sie dort kennen. Trotz des gewaltigen Altersunterschieds bescherte sie mir unvergesslich heiße Liebesnächte.

Eine nachhaltige Begegnung der besonderen Art aus dieser Zeit verdanke ich dem Frauenhelden Renato Cenci. Er brachte mich mit Werner Roth, dem Weltmeister im »Handörgeli-Spielen«, zusammen, der im Hauptberuf einen Käseladen führte und mir eine sensationell schmeckende Variante des Käsefondues (Vacherinfondue) verriet: kalt angerührt, mit Wasser statt Weißwein und einer Knoblauchzehe – ein Gedicht!

Handfeste Schlägereien

Auch in ein paar handfeste Schlägereien wurde ich während dieses Winters verwickelt: In der Disco war ein Hüne auf den blonden Engel unseres Hotels, die zauberhafte Telefonistin, losgegangen und hatte sie blutig geschlagen. Die Hintergründe kenne ich nicht, aber ich beobachtete die Szene, griff beherzt ein und brach ihm mit einem gewaltigen Schlag das Jochbein, sodass er im Krankenhaus behandelt werden musste. Zum Glück stellte sich im Nachhinein heraus, dass es sich bei ihm um einen gesuchten Drogenhändler aus Interlaken handelte, so wurde ich zum Schluss sogar noch belobigt – in einem anderen Fall hätte mich das die Aufenthaltsgenehmigung in der Schweiz kosten können.

Wenig später, es war kurz vor Saisonende, wurde ein italienischer Kellner von meinem Freund Bernhard beim Küchenputz in das Klarwasserbecken geworfen – eine Art Küchentaufe. Der Kellner fand das aber gar nicht lustig, sondern brach einen Besenstil ab und schlug ihn Bernhard ins Gesicht, der sich dabei erheblich verletzte. Ein heftiger Kampf entbrannte zwischen dem Italiener, der dann eine abgebrochene Flasche in der Hand hielt, und mir. Er endete abrupt, als Direktor Pinkwarth auf der Bildfläche erschien und ein Machtwort sprach. Als Buße wollte er mir einen Teil meines Lohns abziehen, was ich natürlich strikt ablehnte. So schieden wir im Unfrieden voneinander.

Es wurde Zeit, dass ich der Schweiz den Rücken kehrte. Alles schien mir hier eng, und die jüngsten Küchenchefs in attraktiven Positionen waren um die 40 Jahre alt – ich hätte also noch 20 Jahre auf einen solchen Posten warten müssen. Deshalb orientierte ich mich in eine ganz andere Richtung und sprach beim Culinary Coordinator der »Hilton«-Gruppe, Jean-Claude Wermailles, in Basel vor, um zu erfahren, was er mir für Stellen in anderen Ländern offerieren könnte. Ein Wort gab das andere, zum Schluss erhielt ich einen Vertrag für das »Hilton« in Brüssel und fuhr über München nach Belgien. Die Schweiz sollte mich beruflich nie wiedersehen.

Terroristen und Turkey-Dinner

Eine Saison in Brüssel

Es war eine ganz andere Arbeitswelt, die mich in meinem ersten Job im »Hilton« erwartete. Während die Hotels, die ich in der Schweiz kennengelernt hatte, in erster Linie vom Tourismus lebten, stand ich nun zum ersten Mal in einem Business-Hotel am Herd. Ich war als Gardemanger für die kalte Küche engagiert und wurde von meinem Vorgesetzten Sprenger mit sogenannten Event-Ordern überhäuft: Fünf Bankett-Büfetts, 4000 Canapes und dazu das À-la-carte-Geschäft – das alles zusammen entsprach einer ganz normalen Tagesproduktion.

Darüber hinaus gab es hier kulinarische Herausforderungen, wie ich sie ungeachtet des hohen Niveaus der Schweizer Küche vorher noch nie erlebt hatte: Unser Haus verfügte über nicht weniger als drei Michelin-Sterne, zwei davon im Restaurant »En plain Ciel« und einer im »Maison du Bœuf«.

Die Brigade war beeindruckend. Angeführt wurde sie von Michel Turelle und seinem Souschef Christian Albert aus dem Allgäu, einem phantastischen Bankettmeister – und Komiker! Als Könner seines Faches, aber nicht gerade angenehmer Zeitgenosse erwies sich der Chef unseres Spitzenrestaurants »Michou«: ein Koch, mit dem man kein Bier trinken gehen mag. Besondere Hochachtung hatte ich dagegen vor Maitre Spinelli, dem Oberkellner im »Maison du Bœuf«, der sich in beispielloser Art um jedes Detail kümmerte. Selbst seine Früchte pflegte und selektierte er mit Akribie, und wenn er am Tisch flambierte oder auf dem Guéridon, dem kleinen Kellner-Beistelltisch, die Speisen anrichtete, tat er dies mit so artistischem Geschick, dass ihm die Gäste atemlos zuschauten.

Das »Hilton« in Brüssel war eine Kaderschmiede für Führungskräfte in der »Hilton«-Familie. Viele meiner dortigen Kollegen und Vorgesetzten sollte ich später in aller Welt wieder treffen. Williams Spokreef, der Direktor unseres Hauses, wurde Vizepräsident in Australien, Bernhard Brack erst Executive Assistant Manager in Brüssel, später Generaldirektor im »Hilton« in Bangkok, meinem Lieblingshotel. Mein großer Mentor, der Food & Beverage Manager Fernand David, machte Karriere als Vizepräsident und Food & Beverage Agent Pacific, und Jean Pierre Mainardi wurde nach Zwischenstationen in China und Ägypten später mein Vorgesetzter in Bangkok.

Ein flügelschlagender Japaner

In unserem Haus arbeiteten eine ganze Reihe Japaner, mit denen ich die unterschiedlichsten Erfahrungen machte. Kagata San zum Beispiel, ein Küchenhelfer, wurde zu mir geschickt, um ein Ei zu holen, aber das passende Wort fiel ihm nicht ein. So stellte er sich vor mich hin, schlug mit den Armen und gackerte dazu so laut, dass die ganze Küchenmannschaft zusammenlief. Damit hatte er den Spitznamen »Gackerjapse« für den Rest seiner Arbeitszeit in Brüssel weg.

Die währte nicht lange, denn kurz darauf wurde er in eine Schlägerei mit unserem psychisch angeknacksten Souschef Michel aus Frankreich verwickelt, es folgte die Kündigung. Weil er fleißig und ein guter Kerl war, nahm ich ihn Monate später mit nach Fürstenfeldbruck, wo er tief beeindruckt von der bayerischen Küche bei meiner Mutter unter Vertrag ging. Er liebte Weißwürste, auch wenn sein Magen bei jedem Frühstück dagegen rebellierte. Seine Karriere setzte sich fort im Münchner »Hilton«, wurde aber jäh beendet, als er wieder mit einem Souschef aneinandergeriet und diesen mit einem Karatehieb niederstreckte.

Als wenig erfolgreich erwies sich in Brüssel Kasahara, ein ewig grinsender Sohn Nippons, der vorgab, Eisfiguren meißeln zu können, aber zum Schluss nur einen unbrauchbaren Haufen Crushed Ice hinterließ. Und unseren Saucier Kanno San hätte ich unabsichtlich beinah ins Jenseits befördert, als ich ihn zur Therapie eines Grippeinfekts mit Rum abfüllte, ohne zu wissen, dass er vorher Medikamente genommen hatte, die sich mit dem Alkohol absolut nicht vertrugen. Kannos Freundin übrigens verdanke ich eine engagierte Einführung in die Sushi-Küche – eine Spezialität, die auch heute in meinem Restaurant eine große Rolle spielt.

Japaner hatten es in Brüssel nicht immer leicht. An blonde europäische Mädchen heranzukommen war für sie das Größte, aber mit ihrer geringen Körpergröße und ihrer sehr fremdländischen Art ergaben sich nur selten echte Beziehungen, sodass sie für körperlichen Kontakt meist bezahlen mussten. In der Küche waren sie ehrgeizig, ich lernte jedoch bald, dass man sie nicht zu sehr loben durfte. Wenn sie ihre Sache gut machten, kommentierte man das am besten mit den Worten: »Ganz ordentlich, aber ...«, das stachelte sie dann zu weiteren Höchstleistungen an. Sprach man ihnen dagegen ein uneingeschränktes Lob aus, dann wurden sie oftmals übermütig und waren zu nichts mehr zu gebrauchen.

Neben Japanern gab es noch jede Menge weiterer Nationen, mit deren Vertretern ich wechselnde Erfahrungen machte. Donald, der schwule Souschef, kam aus Belgien. Er hatte ein Herz wie ein Bergwerk und wurde als Troubleshooter geholt, wann immer es im Restaurant Ärger gab. Dabei war er selbst ein Nervenbündel und völlig unfähig, mit dem täglichen Stress fertigzuwerden. Unser Küchenmetzger stammte aus Irland – für mich ein Stümper, mit dem die Zusammenarbeit äußerst schwierig war. Seine Pâté en croûte gehörte zum Schlimmsten, was ich in der Küche verarbeiten musste, und statt sie auf dem Büfett zu präsentieren, hätte ich sie am liebsten in den Schweineeimer geworfen.

Das Geheimnis der schwarzen Barbara

Kulinarisch ertragreicher war die Begegnung mit Barbara, einer attraktiven Black Lady, die ich im »Scotch Club« kennengelernt hatte. Sie arbeitete bei der NATO und war eine Exschulfreundin von Aretha Franklin. Meine Komplimente für ihr traditionelles amerikanisches Turkey-Dinner brachten sie in Verlegenheit, denn das Lob war nur zum Teil gerechtfertigt, weil sie einige Convenience-Produkte verwendet hat. Normalerweise sind solche vorgefertigten Komponenten für jeden ehrlichen Koch ein Gräuel, bei ihr aber musste ich lernen, dass es rühmliche Ausnahmen geben kann.

Gleich am ersten Tag, als ich dabei war, mir in Brüssel ein Apartment zu suchen, begegnete mir auf dem Boulevard Waterloo mein ehemaliger Vorgesetzter aus Garmisch, Reinhard Geissler, dessen Position ich im »Hilton« übernahm. Ganz Europa war zu dieser Zeit hysterisch in Bezug auf alles, was mit der gefürchteten Baader-Meinhof-Bande zusammenhing, deren Mitglieder sich auf der Flucht befanden. Geissler und den Terroristen Rolf Heißler einte nicht nur eine phonetische Ähnlichkeit, sondern Reinhard Geissler passte mit seinem beeindruckenden Vollbart auch ins optische Raster der Fahnder. Während seiner letzten Tage in Brüssel landete er damit für kurze Zeit sogar in Polizeigewahrsam.

Die wackeren Ordnungshüter waren möglicherweise aus diesem Grund in der Nähe des »Hilton« besonders sensibel, sobald sie etwas Ungewöhnliches beobachteten. So passierte es mir nach einem Besuch bei der schwarzen Barbara, dass ich, eigentlich schon viel zu spät für den Dienstantritt, zügig Richtung Hotel unterwegs war, als plötzlich ein Streifenwagen neben mir hielt, die Beamten heraussprangen und mir eine Pistole an den Kopf hielten. Gottlob hatte ich meinen »Hilton«-Dienstausweis dabei und konnte damit glaubwürdig belegen, dass ich nicht zu den gesuchten Terroristen zählte.

Gonzalez war unser Pâtissier aus Spanien. Seine Schaustücke beeindruckten mich nicht nur wegen ihrer spektakulären Größe, er hatte sie auch unglaublich schnell fertiggestellt. Irgendwann kam ich seinem Trick auf die Schliche: Er besorgte sich echte Schaukelpferde vom Flohmarkt und überspritzte sie mit einer aufgeschlagenen Eiweiß-Zucker-Merengue, dann wurden sie mit Gold- und Silberperlen verziert – fertig war das Meisterwerk.

Einmal fand ich Gonzalez blutüberströmt, als er eine Champagner-Mousse zubereiten sollte. Beim Öffnen der Flasche war der Korken an die Decke geknallt und hatte dort eine Neonröhre abgeschossen, die ihn schwer am Kopf verletzte. Leider führte die häufige Arbeit mit Alkohol dazu, dass der Spanier selbst ihn in immer höheren Dosen genoss und damit seiner Karriere ein vorzeitiges Ende setzte.

Nadine, eine Kollegin von ihm und ebenfalls aus Frankreich, erwies sich im Bankettgeschäft als Genie. Ihr Meisterstück war die Tulipain, die Mandelhippenblüte, die sie mit einer Grand-Marnier-Creme füllte – optisch und kulinarisch ein Gedicht!

Belgien mit seinen Spitzenköchen hinterließ bei mir vielfältige kulinarische Eindrücke. Der Saumon mariné, ein marinierter Lachs, gehörte zu den klassischen Vorspeisen in unserem Haus und zählt heute noch für mich zu den feinsten Arten, diesen Edelfisch zuzubereiten.

Ich lernte, dass die Crevettes grises – eigentlich nichts anderes als unsere Büsumer Krabben – weit mehr Geschmack abgeben als jede noch so gute Garnele, und auch die Asperges à la flamande, der flämische Spargel, ist mir in bester Erinnerung.

Meine Freizeit nutzte ich, um auch über Brüssel hinaus das Land zu bereisen, und ich fand viel Schönes dort: Knokke, wo die Belgier am feinen Sandstrand Urlaub machen, das Freilichtmuseum von Bokrijk mit seinen historischen Mühlen und Bauernhöfen und das Weltkulturerbe Brügge sind unvergessliche Eindrücke.

Manorome, ein junger Thai, gab den Anstoß für meine dritte Reise nach Thailand. Er war fast noch im Kindesalter als Sohn einer Haushälterin nach Europa gekommen, erhielt, weil diese Haushälterin beim Vizepräsidenten von »Hilton« arbeitete, einen Helferjob in der Küche und arbeitete sich später hoch bis zum Küchenchef des »Cartagena Hilton Hotels«, wo ich ihm – dem Zufall sei Dank – noch einmal begegnete. Danach verlor ich ihn leider aus den Augen. Aber lange vorher, während wir in Brüssel waren, vermittelte er mir den Kontakt zu seiner Tante in Bangkok. Kurz darauf fuhr ich wieder in die thailändische Hauptstadt, konnte dort bei der Dame wohnen und sammelte zum wiederholten Male äußerst lehrreiche Eindrücke der Thai-Küche.

Saumon sauvage mariné

Marinierter Wildlachs, Rezept für vier Personen

Das braucht man

1,4 kg Lachsfilet mit Haut
80 g grobes Meersalz
65 g Zucker
15 g grob gestoßene schwarze Pfefferkörner
10 g grob gestoßene Senfkörner
15 g grob gestoßene Pimentkörner
10 zerdrückte Wacholderbeeren
20 g scharfen Senf
200 g Dill
60 ml Wodka
80 ml Cognac

So wird's gemacht

- Das Lachsfilet mit einer kleinen Zange oder Pinzette von allen Gräten befreien, mit einem scharfen Messer auf der Hautseite in Längsrichtung und mit einem Abstand von ca. 2 cm vorsichtig mehrmals einritzen.

- Salz, Zucker, Pfefferkörner, Senfkörner, Pimentkörner und Wacholderbeeren mischen.

- Eine Form oder ein tiefes Blech, in dem das Filet ausreichend Platz findet, leicht mit einem Teil der Gewürzmischung bestreichen und das Lachsfilet mit der Hautseite nach unten darauflegen.

- Das Lachsfilet auf der Oberseite mit scharfem Senf bestreichen, die restliche Gewürzmischung darauf verteilen und mit der Hand leicht festdrücken.

- Den Dill entstielen (Stiele aufheben), die Blätter grob schneiden (nicht hacken, da sonst die ätherischen Öle entweichen), die Dillstiele mit einem flachen Messer breit drücken.

- Den geschnittenen Dill gleichmäßig auf dem Filet verteilen, die zerdrückten Stiele darüberlegen und alles mit der Hand etwas andrücken.

- Wodka und Cognac über das beschichtete Filet gießen, das Ganze anschließend mit einem Brett o. Ä. bedecken und etwas beschweren, dann die ganze Form mit Folie luftdicht verschließen.

Saumon sauvage mariné *(Fortsetzung)*

- Das Lachsfilet so für mindestens 48 Stunden im Kühlschrank durchziehen lassen, dann die groben Dillstiele entfernen, trocken tupfen und dann das Filet vom Schwanzende her in dünne Scheiben schneiden.

Profitipps

Zum Marinieren nur ganz frischen, festen und fettigen Lachs verwenden.

Die Menge an Dill und Gewürzen kann ganz nach eigenem Geschmack vermindert oder erhöht werden. Wer den Lachs noch intensiver würzen will, ergänzt die Mischung mit Zitronenabrieb und gerösteten, gestoßenen Korianderkörnern.

Das Rezept lässt sich nach Belieben zum Beispiel mit skandinavischer süßer Senfsoße, Mandel-Koriander-Creme, Frühlingszwiebel-Creme-fraîche und anderen Soßen variieren.

»Du musst weg aus Europa ...«

Immer wieder einmal nutzte ich meinen freien Tag, um von Brüssel in das knapp 200 Kilometer entfernte Amsterdam zu fahren. Ich liebte es, mich dort im Hafen herumzutreiben, und immer wieder überkam mich der Gedanke: »Du musst weg aus Europa ...« Dieser Gedanke verstärkte sich, als ich über die deutsche Botschaft die Aufforderung erhielt, in der Heimat meinen Wehrdienst abzuleisten. Dazu verspürte ich nicht die geringste Lust, und so kam es mir, als die Saison zu Ende ging, gerade recht, dass ich während eines Trainings den Österreicher Peter Meier kennenlernte, der mir einen attraktiven Job in Bahrain vermittelte.

Vorher aber wartete noch ein höchst interessant klingendes Intermezzo auf mich: Peter Wende, damals Küchenchef im Münchner »Hilton«, hatte mich angerufen und gefragt, ob ich Lust hätte, für zehn Tage nach Tunis zu reisen und dort die Staatshäupter der Arabischen Liga während ihres Gipfeltreffens zu bekochen. Natürlich sagte ich zu, und im November 1978, wenige Tage, nachdem ich meine Arbeit im Brüsseler »Hilton« beendet hatte, saß ich im Flieger nach Tunis.

Staatschefs und Couscous

Intermezzo in Tunis

Tunis ist ein Schockerlebnis der besonderen Art. Wer zum ersten Mal eintaucht in die Enge der Altstadtgassen, wo Händler und Bettler, Drogendealer und selbst ernannte Stadtführer mit aggressivem Körperkontakt die Aufmerksamkeit des Besuchers auf sich zu lenken versuchen, kann leicht in Panik geraten, denn an ein Vorwärtskommen ist dabei kaum noch zu denken. Aber ich war jung und voller Heißhunger auf Abenteuer. Hätte ich gewusst, dass hier nicht nur eine der größten beruflichen Herausforderungen meines Kochlebens auf mich wartete, sondern auch ein paar schmerzhafte Blutergüsse, dann wäre ich wohl nicht so bereitwillig dem Ruf des »Tunis Hilton« in der Rue Bourguiba gefolgt.

»Non, Monsieur!« – der Taxifahrer am Flughafen Tunis International weigerte sich hartnäckig, mich zu dem prominenten Haus zu fahren. Er überschüttete mich mit einem Redeschwall in arabisch gefärbtem Französisch, von dem ich kein Wort verstand, und ließ mich schließlich vor dem »Afrika-Hotel« stehen. Verzweifelt rief ich von dort im »Tunis Hilton« an, wo ich dringend erwartet wurde. Man verband mich vom einen zum anderen – und dann hörte ich plötzlich eine Stimme auf Deutsch, näselnd und überaus selbstbewusst: »Ich höre, Sie haben Schwierigkeiten, zu uns zu kommen ... Ich werde Sie abholen. Meine Erkennungszeichen: jung, gut aussehend – und ich habe eine *Quick* unter dem Arm.«

Ich wartete eine Stunde, dann hielt ein Mini vor dem Eingang, der Fahrer stieg aus und wedelte mit der damals bekanntesten deutschen Illustrierten. Ich stand dem Food & Beverage Direktor des Hauses gegenüber: Hans R. Fritz, ein verrückter, unglaublich kreativer und liebenswerter Mensch, der damals am Beginn seiner legendären Karriere stand, später mit großem Erfolg u. a. das »Cavalieri Hilton« in Rom leitete und als »European General Manager of the Year« ausgezeichnet wurde.

Warum der Taxifahrer diese Tour abgelehnt hatte, wurde mir klar, als wir das Hotel erreichten. Es tagten dort nicht weniger als 14 arabische Staatsoberhäupter, und das Haus war verbarrikadiert wie eine Festung. Selbst mein prominenter Chauffeur musste sich drei peinlich genauen Militärkontrollen unterziehen, bevor wir die Wagenburg aus Panzern passieren durften. Von mir nahm man Fingerabdrücke, fertigte ein Polaroid und stellte dann schließlich einen Passierschein aus.

Ricordelle, der französische Küchenchef, hatte sein eigenes Rezept gegen den Stress in der Hotelküche: Er trank so viel Alkohol, bis er die nötige Ruhe fand, um das Topf-Management in den Griff zu bekommen. Mit Freuden überließ er mir die Regentschaft über seine Berberköche, die mich mit ihren finsteren Minen an die Räuber von Ali Baba erinnerten. Aber sie waren nicht das Problem in der Küche, sondern ein Heer von Leibwächtern, die uns ständig im Weg standen, mit Argusaugen jede Bewegung beobachteten und auch hinter der harmlosesten Gewürzprise einen Giftanschlag vermuteten.

Immer die Hand am Colt

Am schlimmsten trieb es dabei der Bodyguard von Jassir Arafat, dessen Hand ständig auf dem großkalibrigen Colt im Gürtelhalfter ruhte – ein sehr beunruhigendes Gefühl, wenn man gerade mit viel Liebe eine Kalbfleischpastete anrichtet. Ihm war es, soweit ich beobachten konnte, auch zu verdanken, dass ständig die Abläufe geändert wurden, um jeden Plan eines Attentats von vorneherein unmöglich zu machen. Dass damit die Küche praktisch rund um die Uhr auf Vollbetrieb gehalten werden musste und es immer schwieriger wurde, meine Brigade ohne jede Pause bei der Stange zu halten, interessierte ihn nicht im Geringsten.

Vier Tage später gönnte sich die Ligue arabe endlich eine Pause, und die einzelnen Vertretungen gingen in Klausur. Ich musste raus aus dem Gefängnis, es zog mich in den Basar, um dort – zwischen Gewürzen, kleinen Wasserpfeifen-Cafés und bunten Läden – für kurze Zeit dem Stress zu entkommen. Kaum hatte ich das Tor passiert, sprach mich ein Winzling in erstaunlich gepflegtem Englisch an. Er war gekleidet wie der Sarotti-Mohr, pries die Schönheit der orientalischen Frauen und bot mit verschwörerischer Mine an, für ganze fünf Dinar (etwa zehn Euro) würde er mich zu einer jener Perlen aus 1001 Nacht bringen. Ich konnte der Versuchung nicht widerstehen, Frauen aus aller Herren Länder waren meine Schwäche. So folgte ich ihm, jede Vorsicht außer Acht lassend, durch immer kleinere und dunklere Gassen, bis wir schließlich vor einem heruntergekommenen, französisch-kolonialen Freudenhaus standen und mein Schlepper mit seinem Lohn verschwand.

Ich gestehe es freimütig: So schnell hat mich die Lust noch nie verlassen! Eine vulgäre, ältere Pied-noir-Dame nahm mich in Empfang und führte mich in ein schmutzstarrendes Vestibül, wo vor zwei Zimmertüren etwa zehn Araber Schlange standen. Die Damen arbeiteten im Akkord, im Viertelstundentakt schoben sie einen grinsenden Freier hinaus und holten den nächsten aus der Reihe. Bei ihrem Anblick erstarb jegliche Erotik: Sie waren dick und ungepflegt, und ihr spärliches Lächeln gab ein schlecht gefertigtes, spärliches Nickelgebiss preis – ich floh!

Zwei Tage später neigte sich die Konferenz der Staatsoberhäupter ihrem Ende zu, und auch meine Kräfte waren restlos aufgezehrt. Mit Sonderwünschen und ständig wechselnden Szenarien hielten uns die Politiker auf Trab, die Wächter schikanierten uns wie Leibeigene, sie konnten äußerst grob werden, wenn man versehentlich oder aus Neugier einem der Potentaten zu nahe kam. So versuchten wir ganz selbstverständlich, auf Distanz zu bleiben und im Umgang mit den Gästen trotz der unerhörten Anspannung noch das Mindestmaß an Freundlichkeit zur Schau zu tragen, das in einem Fünf-Sterne-Hotel erwartet wird.

Alles ging gut bis zum letzten Abend vor der Abreise, wo ich, als endlich alle Wünsche erfüllt waren und sich die einzelnen Delegationen in ihre Zimmer zurückzogen, ein paar Stunden ruhen wollte, um den Stress am nächsten Morgen auch noch durchzustehen. Mit meinen verschwitzten Kochklamotten stand ich in der Halle und wartete auf den Lift. Er kam, die Tür ging auf – und ich stand Jassir

Lamm-Tajine mit Datteln

Tunesischer Eintopf für vier Personen

Das braucht man

1,5 kg frisches Lamm mit Knochen aus Schulter oder Nacken
1 g Safranfäden
300 g Zwiebeln, fein gewürfelt
2 Knoblauchzehen, fein gehackt
80 g Smen (marokkanisches Butterschmalz)
40 g Pinienhonig, alternativ Akazien- oder Waldhonig
½ Zimtstange
5 g Ingwer, in feine Streifen geschnitten
400 g Datteln, am besten halb frische der Sorte »Deglet Nour«
10 ml Zitronensaft, frisch gepresst
10 ml Olivenöl
200 g Mandeln, blanchiert und abgezogen
50 g Pistazienkerne, blanchiert und abgezogen
10 g Sesam, geröstet
einige frische Korianderblätter
Salz und schwarzen Pfeffer aus der Mühle

So wird's gemacht

▸ Smen in der Tajine erhitzen, Zwiebeln und Knoblauch darin goldbraun andünsten, Ingwer, Safran und Zimt einrühren, das Lammfleisch zugeben und so lange wenden, bis es die Gewürzmischung ganz aufgenommen hat. Mit Salz und Pfeffer würzen, so viel Wasser zugeben, dass das Fleisch fast bedeckt ist, und alles langsam zum Kochen bringen. Ein paarmal abschäumen und zugedeckt bei reduzierter Hitze eine Stunde lang sieden lassen.

▸ Honig, Zitronensaft und Datteln zugeben und alles bei reduzierter Hitze für eine weitere halbe Stunde sieden lassen, das Fleisch dabei mehrfach in der Soße wenden, damit die Aromen gut aufgenommen werden und der Fond einkocht.

▸ In einer kleinen Sauteuse Olivenöl erhitzen, die Mandeln darin goldbraun anrösten, die Pistazien hinzufügen und alles über das Lamm geben, zum Schluss den gerösteten Sesam und die Korianderblätter darüberstreuen.

Lamm-Tajine mit Datteln *(Fortsetzung)*

Profitipps

Zur Tajine passt ein über Gemüse gedämpfter Couscous und ein scharf angemachter, knackiger Salat.

Wer sich für die Zubereitung eigens eine Tajine zulegt, muss diese vor der ersten Benutzung »einkochen«. Dazu werden Zwiebelringe, ein paar geschnittene Karotten, zerdrückte Knoblauchzehen, ein bis zwei Lorbeerblätter, ein Stück Paprikaschote, ein kleines Stück frische Chilischote, Wasser und Olivenöl in die Schale gefüllt, dann den Deckel auflegen, alles in den kalten Backofen stellen und diesen auf 140° (Umluft) erhitzen. Die Tajine nach gut 30 Minuten Garzeit aus dem Ofen nehmen, mit dem Gemüse auf Zimmertemperatur erkalten lassen, dann das Gemüse entfernen und die Tajine reinigen.

Danach eignet sich das Lehmgefäß nicht nur für nordafrikanische und arabische Gerichte, man kann darin auch hervorragend eigene Kreationen aus Fisch, Meeresfrüchten, Geflügel, Lamm, Rind und anderem schmoren oder dämpfen.

Arafat gegenüber, der mich mit gelangweiltem Blick musterte. Aber bereits dieser kurze Augenkontakt reichte, um den verhassten Bodyguard, der mich in der Küche so oft genervt hatte und nun neben ihm stand, außer Rand und Band zu bringen. Er schob sich vor seinen Dienstherren und versetzte mir ohne jede Vorwarnung einen so heftigen Stoß, dass ich durch die Luft wirbelte und rücklings auf den Fliesen der Hotellobby landete.

Die achtköpfige Delegation, die hinter ihm aus dem Lift kam, unterhielt sich angeregt und würdigte mich keines Blickes. Auch der Bodyguard selbst ging achtlos an mir vorbei, während ich mich vor Schmerzen krümmte. Ich habe ihn später noch ein paar Mal im Fernsehen gesehen, wenn sein Chef vor die Kameras trat.

Versöhnlicher Abschied: Die Tajine

Am nächsten Morgen dirigierte ich das Frühstück für die Abreisenden und hielt mir dabei ein mit Eiswürfeln gefülltes Handtuch an die Wange. Am Abend war ich mit Hans Fritz zu einem Abschiedsdinner verabredet, bevor ich Tunesien den Rücken kehren würde. Er schaffte es, mir in diesem Land doch noch eine gute Erfahrung mit auf den Weg zu geben: ein sensationelles Couscous in Sidi Bou Saïd. Die Tajine mit Lamm und Datteln begeisterte mich dermaßen, dass ich mir das Rezept geben ließ und mir diesen Gaumengenuss immer wieder einmal gönne. Die Begegnung mit Arafat und Co. aber ist dafür verantwortlich, dass ich den Arabern bis heute mehr Respekt als Sympathie entgegenbringe.

fischmarkt und früchteschnitzer

Zwei Jahre in Bahrain

Wieder stand mir ein Wechsel bevor, wie er abrupter nicht hätte sein können. Peter Maier, der Küchenchef des »Hilton« in Bahrain, holte mich persönlich vom Flughafen ab. Er war ein Kärntner mit leicht slawischen Zügen, verfügte über eine bisweilen unangenehm laute Stimme und die in der Hotellerie eher seltene Fähigkeit, Vergnügen und Arbeit auf gedeihliche Art miteinander zu verbinden. Der Disziplin in der Küchenmannschaft tat das nicht gerade gut, und so war ich umso dankbarer für die beiden englischen Souschefs Peter Brotherow und John Stevens, die nach Kolonialherren-Art ein strenges Regiment führten. Ich selbst schickte mich langsam an, vom Gardemanger zum Halbthron des Souschefs aufzusteigen.

Direktor des Hauses war Klaus Winkler, ein Deutscher wie aus dem Bilderbuch mit grauen Haaren, ausgesuchter Kleidung und Designer-Fliege. Leider entdeckte er seine Liebe zum Wodka und sprach ihm so hemmungslos zu, dass selbst das vermeintliche Wasserglas beim Frühstücks-Meeting mit Hochprozentigem gefüllt war. Irgendwann fiel das bei einem Treffen der »Hilton«-Führungsriege auf, was zu seiner Degradierung führte und ihn, obwohl er eigentlich zu Höherem berufen gewesen wäre, zunächst auf dem ungeliebtesten Direktorenstuhl in Europa, in Budapest, und später in Bahrain festnagelte. Dennoch: Er war der erste Manager, der meinen vollen Respekt genoss.

Das Hotel gehörte, wie in den Golfstaaten üblich, einigen reichen Einheimischen, und das oberste Gesetz lautete: Jeder ihrer

Wünsche ist kompromisslos zu erfüllen. »Owner happy, than guest happy« hieß ein geflügeltes Wort im Hotel. Ich wollte mich nicht immer daran halten, zu lange hatte ich gelernt, das Wohl des Gastes über alles andere zu stellen. So gehörte es für mich zu den völlig blödsinnigen Entscheidungen, dass Fisch generell importiert werden sollte, während 500 Meter entfernt auf dem Fischmarkt von Bahrain die besten Meeresfrüchte angeboten wurden. Ohne dass es je Konsequenzen gehabt hätte, widersetzte ich mich der Einkaufs-Policy und war mit meinem kleinen 200-ccm-Honda-Motorrad häufiger Kunde bei den einheimischen Fischhändlern.

Das Apartment, das man mir zunächst angeboten hatte, erwies sich als Katastrophe: Es lag am äußersten Stadtrand der Hauptstadt Manama in einem Gebäude, das hauptsächlich von Indern bewohnt wurde, sodass ein ständiger Geruch von Butterfett und Curry durch mein Schlafzimmer zog. In den kalten Wüstennächten fror ich erbärmlich, und einer der Lautsprecher der Moschee in unmittelbarer Nachbarschaft war wohl direkt auf mein Bett gerichtet. Schon nach wenigen Tagen wollte ich mir das nicht mehr bieten lassen, sprach bei unserem Personalmanager Ian Hall vor und pokerte: Wenn ich nicht sofort eine andere Behausung bekäme, würde ich mit dem nächsten Flieger das Land verlassen (leichter gesagt, als getan, denn ich hätte keine Ahnung gehabt, wo ich so schnell einen neuen Job hätte herbekommen sollen). Aber es klappte: Ich konnte schon am nächsten Tag in ein Apartment im siebten Stock des Gulf Air Buildings im Stadtzentrum umziehen.

Der Teller fliegt in die Luft

Zu meinen ersten Freunden in Bahrain gehörten unser Saucier Ottmar Gruber aus der Schweiz und seine Frau Cathrine. Die beiden wohnten im gleichen Haus und luden mich zu überbackenen Spargelröllchen ein. Wir hatten gerade mit dem Essen begonnen, da flogen die Teller etwa 30 Zentimeter hoch in die Luft, weil Verbündete des Ajatollah Chomeini, die das Scheichtum dem Iran einverleiben wollten, in unmittelbarer Nähe eine Bombe gezündet hatten. In den kommenden Monaten passierte das immer wieder, und bis zu einem gewissen Maße gewöhnte ich mich sogar daran. Für meine

Mutter blieb der Bombenterror unerträglich. Sie las in den deutschen Zeitungen darüber und bangte um mein Leben.

Das Image der Inder ist nicht das beste, aber wir hatten ein paar von ihnen in unserem Küchenteam, die dieses Vorurteil eindrucksvoll widerlegten. Von Shaffi aus Bombay lernte ich paradoxerweise die klassische Zubereitung eines French Toast und ein teuflisch gutes Rezept für italienische Spaghetti amatriciana. Anil, der sanfte Bengale, war mir eine große Hilfe bei den Büffets, die oft sehr kurzfristig anberaumt wurden und uns damit erheblichen Stress verursachten. Am meisten profitierte ich von Johnny Fernandez aus Goa, dem Spaßmacher unserer Truppe, der von mir die Zubereitung einer richtigen Pâté lernte und mir dafür die einfache, aber effiziente Technik der Früchteschnitzerei sowie die richtige Zubereitung eines indischen Currys zeigte.

Einen der Inder habe ich allerdings in denkbar schlechter Erinnerung. Es geschah bei den hektischen Vorbereitungen für ein Staatsbankett, als mir ein Angestellter, der offensichtlich unter Drogen stand, versehentlich eine mit fünf Litern Olivenöl gefüllte Kanne so an den Kopf donnerte, dass ich heftig blutete und ins Krankenhaus musste. Ich verlangte dort dringend nach einem Arzt, und Minuten später erschien ein Inder, der in seinem Blaumann aussah wie ein Müllmann. »I'm the doctor«, begrüßte er mich lächelnd, aber ich hatte vom ersten Augenblick an kein rechtes Vertrauen zu ihm. Er nestelte an meinem Kopf herum und begann dann – ohne die Haare zu entfernen, ohne Betäubung und ohne Desinfektion –, die Wunde zu vernähen. Der Abszess war absehbar, und nach drei Tagen entzündete sich die Wunde so stark, dass ich dachte, mir wüchse ein zweiter Kopf. Unser Hoteldirektor empfahl mir, sofort nach Deutschland zu fliegen, um dort die richtige medizinische Versorgung zu bekommen. Am Tag meiner Rückkehr nach Bahrain prangte mir das Foto des vermeintlichen Doktors von der Titelseite der »Manama Post« entgegen: Der Mann war ein ehemaliger Krankenpfleger und Schwindler, der sich den Arztjob mit gefälschten Papieren erschlichen hatte, um sein Salär aufzubessern.

80 verschiedene Vorspeisen

Vor der arabischen Küche, speziell der libanesischen, entwickelte ich großen Respekt. Oberstes Gesetz für ein anständiges Essen in allen Ländern des Mittleren Ostens ist eine so überbordende Fülle, dass kein Quadratzentimeter des Tischtuchs mehr zu sehen sein darf. Allein die üblichen Vorspeisen umfassen rund 80 Komponenten. Klassiker wie Hummus, Mutabel, Tabouleh, Fatusch, Falafel, Kebbeh und Dolmas sind nur eine kleine Auswahl dessen, was selbstverständlich auf jedes Frühstücksbüffet gehört.

Das alles wird erst richtig kompliziert, weil die wenigsten der benötigten Grundprodukte aus dem kargen Wüstenland stammen, 80 Prozent müssen importiert werden. Auf dem Lebensmittelsektor sind Indien, England und Frankreich die wichtigsten Handelspartner. Strengstens und ohne Ausnahme verboten ist dagegen jegliche Einfuhr aus Israel. Ich habe während meines Aufenthalts einen Steward von Singapore Airlines erlebt, der vor dem Hotel stand und nichts ahnend eine Cola-Dose aus dem Bestand seines Fliegers mit hebräischer Aufschrift trank. Ein Polizist sah ihn, und er wanderte für zwei Tage ins Gefängnis. Ich selbst erhielt aus London eine Ladung Avocados, die aber offensichtlich dort nur umgepackt worden waren. Jede trug einen Aufkleber mit der Aufschrift »Carmel, product of Israel«. Mein Schreck war groß, es gelang mir Gott sei Dank, die Sticker zu entfernen, bevor jemand darauf aufmerksam wurde. Selbst Bücher und Schallplatten von jüdischen Verlegern wurden gnadenlos konfisziert. Es ist kaum zu begreifen, dass auch nach 40 Jahren der Hass die Menschen zu so radikalen Maßnahmen animiert.

Aber auch sonst musste ich feststellen, dass die Behörden mit Ausländern, die gegen die Gesetze des Landes verstießen, alles andere als nachsichtig umgingen. Ein 19-jähriger Engländer, der bei uns arbeitete und einen Motorradunfall erlitt, bei dem nur er selbst zu Schaden kam, wurde von einem Schnellgericht drei Tage nach dem Unglück wegen Alkoholkonsums zu zwölf Jahren Gefängnis verurteilt. Solche Erfahrungen veranlassten mich, bei jeglichen Abenteuern größte Vorsicht walten zu lassen, und ich beschäftigte mich lieber mit den Feinheiten der arabischen Küche.

Geradezu eine Droge waren für mich die vielfältigen Gewürze, die ich hier zum ersten Mal bewusst erlebte. Im Basar der Hauptstadt gab es ganze Ladenstraßen, in denen es köstlich duftete, weil dort Kreuzkümmel, Curry, Kardamom, Safran und abenteuerliche Mischungen aus allen möglichen Komponenten verkauft wurden. Doch was sich mir nicht erschlossen hat, ist die Tatsache, dass diese empfindlichen Waren zumeist in offenen Säcken zur Schau gestellt werden, wobei die Aromen rasch verrauchen und sich in den Pulvern und Kräutern ebenso schnell alle möglichen Schadstoffe ansammeln. Für mich gehört es seit dieser Zeit zum kleinen Küchen-Einmaleins, Gewürze in licht- und weitgehend luftdichten Verpackungen aufzubewahren.

Zu den Gerichten, die bei mir geradezu eine Euphorie auslösten, gehörte das Ouzi-Lamm, das seinen außergewöhnlichen Geschmack durch die Verwendung feinster Gewürze erhält (orientalische Gewürze wurden im Mittelalter zum Teil mit Gold aufgewogen – sicher nicht zu Unrecht!). Zum Abschmecken des Ouzi-Lamms braucht man unter anderem gestoßenen grünen Kardamom sowie getrocknete, im Ofen dunkelbraun geröstete Limonen mit Kurkuma, Knoblauch, Olivenöl, Limonensaft und schwarzen Pfeffer. Die absolute Luxusvariante dieses Gerichts wird in einem riesigen Gartopf aus Aluminium zubereitet und zum Schmoren mit Holzkohlenglut für viele Stunden in der Erde vergraben. Es besteht aus einem Kamelkalb, das mit einem Lamm gefüllt wird, dieses wiederum enthält einen Truthahn, der Truthahn einen Hahn und der Hahn eine Taube. Das jeweilige Getier ist außerdem gefüllt mit Basmatireis, der mit Mandeln, Pistazien, Pinienkernen, Rosinen, Zimt, Berberitzen, grünem Kardamom, Macisblüten, Salz, Pfeffer und Gewürznelken versetzt wird.

Verschleierte stürmen das Büfett

Einmal haben wir dieses Kunstwerk für eine arabische Hochzeit mit allem Aufwand hergestellt. Natürlich sollte das Ergebnis auch entsprechend präsentiert werden. Ich richtete es auf einer riesigen Platte mit feinster Dekoration an und stellte Robinson, einen meiner zuverlässigsten Angestellten, als Tranchierkoch mit blütenweißer Uniform und weißen Handschuhen neben den Tisch. Aber ich

Ouzi

Geröstetes ganzes Lamm für eine kleine Festgesellschaft

Das braucht man

Ein ganzes Lamm, ca. 12 kg, mit Knochen, ausgenommen
2 kg Lammhack
2 kg Langkornreis
3 l Wasser
10 g Zimt, gemahlen
10 g Nelkenpfeffer, gemahlen
10 g grünen Kardamom, gemahlen
10 g Muskatnuss, gemahlen
15 g weißen Pfeffer, gemahlen
10 g Kreuzkümmel, gemahlen
4 geröstete und gemörserte Perserlimonen (im Orient-Fachhandel als »Limo Amani« erhältlich)
40 ml frisch gepressten Zitronensaft
10 g Koriander mit Stielen, grob gehackt
300 g Mandeln, geschält, gehobelt und geröstet
150 g Pistazienkerne, geschält und geröstet
150 g Cashewnüsse, geröstet
150 g Pinienkerne, geröstet
200 g Korinthen
300 g Butterschmalz
40 ml Erdnussöl
40 ml Rosenwasser
24 Zitronenecken zum Garnieren
Salz und weißen Pfeffer aus der Mühle nach Geschmack

So wird's gemacht

▸ Die Korinthen über Nacht in lauwarmem Wasser einweichen, danach mehrfach abspülen.

▸ 100 g Butterschmalz unter mäßiger Hitze in einer Kasserolle zerlassen, das Lammhack hinzugeben, mit Salz, Zimt, Nelkenpfeffer, Kardamom und Muskatnuss würzen, auf mittlerer Hitze kurz sautieren, den gewaschenen Reis hinzugeben und alles gut vermischen.

▸ Das sautierte Reis-Lammfleisch mit dem Wasser auffüllen und zugedeckt bei kleiner Hitze für 20 Minuten köcheln lassen, mit drei Vierteln der oben angegebenen Menge an Mandeln, Pistazienkernen, Cashewnüssen, Pinienkernen und Korinthen vermischen.

Ouzi (Fortsetzung)

- Das ausgenommene Lamm mit Küchenkrepp innen und außen säubern, trocken reiben, mit dem Reis-Lammfleisch füllen und am Bauch zusammennähen. Die vier Haxen zusammenbinden.

- Das Lamm erst mit dem Zitronensaft und den pulverisierten Perserlimonen und anschließend mit den verbleibenden 200 g Butterschmalz einreiben, mit Pfeffer, Salz, Kreuzkümmel und den gehackten Korianderstielen würzen und alles gut einmassieren.

- Ein Backblech mit etwas erhöhter Kante mit Aluminiumfolie auslegen, das Lamm darauf platzieren und alles mit etwa drei Tassen Wasser übergießen. Das so vorbereitete Blech für eine halbe Stunde in den auf 220° (Umluft) vorgeheizten Backofen schieben und dazwischen mehrmals mit kaltem Wasser übergießen.

- Nach 30 Min. die Temperatur auf 120° heruntersetzen und alles für weitere sieben Stunden backen. Den Saft, der sich auf dem Blech bildet, immer wieder über das Lamm gießen, das Fleisch sollte zum Schluss butterweich und saftig sein.

- Die Fäden aus dem Lamm ziehen und von den Haxen entfernen, die Reisfüllung aus dem Lamm nehmen, auf eine großen Platte platzieren, in der Mitte eine Mulde bilden und diese mit dem Rosenwasser besprenkeln.

- Das Lamm tranchieren und die Stücke in der Reismitte anrichten, den Saft vom Backblech über das Lamm gießen, die verbliebenen Mandeln, Pistazienkerne, Cashewnüsse und Pinienkerne im Erdnussöl anrösten, über den Reis streuen und mit den Zitronenecken am Rand garnieren.

Profitipps

Ouzi wird im Mittleren Orient gerne zu großen Festlichkeiten serviert. Für eine kleinere Gästezahl kann man auch nur eine Lammkeule oder besser eine Schulter füllen.

Zum Ouzi serviert man Joghurt mit Kreuzkümmel und Minze und einen frischen Salat.

hatte nicht mit den einheimischen Gepflogenheiten gerechnet: Als sich die Türen öffneten, stürmte eine Horde schwarz verschleierter Frauen das Büfett, riss die riesige Platte herunter, verteilte das Fleisch mit bloßen Händen und verspeiste es genüsslich, wobei Genitalien und Hirn die begehrtesten Höhepunkte waren. Robinson konnte sich mit Mühe in Sicherheit bringen, und Minuten später lagen nur noch Reste unserer tagelangen Arbeit in Fetzen auf dem Boden.

Das Land war mir sehr fremd, und angesichts der vielen Schauergeschichten, die man sich über den rüden Umgang der Behörden mit Ausländern erzählte, hielt ich mich zunächst sehr zurück, wenn es um die Annäherung an Damen ging. Aber zum einen reizt genau das, was verboten ist, zum anderen zeigte sich paradoxerweise, dass es gerade in dieser streng reglementierten Gesellschaft eine Fülle von Möglichkeiten gab. Da waren zum Beispiel die Stewardessen aller möglichen Airlines, die bei uns im Hotel übernachteten und sich am Abend langweilten. Als reiches Potenzial entpuppten sich auch die vielen Damen der besseren Gesellschaft, deren Ehemänner als Manager oder Diplomaten beschäftigt waren und den Tag über arbeiteten, während sie die Zeit totzuschlagen hatten. Da reichte dann oft eine kleine Vorspeise oder Süßigkeit, verbunden mit einem tiefen Blick in die Augen, und schon waren einem Tür und Tor geöffnet.

Natürlich brachte mich meine »Vielweiberei« immer mal wieder in Schwierigkeiten. So kam mir eine Stewardess auf die Schliche, dass ich weitere Kontakte zu Damen aus vielen Nationen pflegte. Sie fühlte sich dadurch so verletzt, dass sie in Hitchcock-Manier versuchte, mir mit einem Küchenmesser den Garaus zu machen. Ich musste mich – was sonst gar nicht meine Art ist – vehement wehren, um sie von diesem Vorhaben abzubringen.

Die Entstehung des Pfirsich Melba

Für die Kombination aus Kreativität in der Küche und Genuss in der Erotik hatte ich ein großes Vorbild: Auguste Escoffier, der von 1846 bis 1935 lebte und – so ist es in seinen Werken überliefert – die Verbindung von Kochen und Koitus mit Begeisterung lebte. Wenn er bei einer Dame Erfolg gehabt hatte, bedankte er sich häufig mit einem Rezept, das er ihr widmete. Viele dieser wunderbaren Kreationen sind in seinem 1903 erschienenen *Guide Culinaire* zu finden. Die bekannteste davon, die um die Jahrhundertwende entstand, ist der Pfirsich Melba, ein Dessert, das er der australischen Opernsängerin Nellie Melba widmete.

Kein Vorbild, aber eine verwandte Seele war für mich der damalige Scheich und Ruler von Bahrain, Isa bin Sulman al Khalifa, der sein Liebesleben fast öffentlich inszenierte. Er verfügte über einen Privatstrand, an dem sich keine Einheimischen, sondern nur Ausländer – selbstverständlich beiderlei Geschlechts – aufhalten durften. Die Majestät selbst, sehr klein gewachsen, saß in der Hollywood-Schaukel, baumelte mit den Beinen und ergötzte sich zunächst mit Blicken an den Damen im Badeanzug, die den Strand bevölkerten. Gefiel ihm eine, so ließ er sie durch einen Bediensteten heranholen, und sie durfte sich dann mit ihm selbst oder vor seinen Augen mit einem seiner Diener vergnügen. Als Lohn winkte eine goldene Rolex mit Diamanten und bisweilen noch ein kleines Vermögen in bar.

Ich will mich in Bezug auf meine jugendlichen Sturm-und-Drang-Jahre nicht besser machen, als ich war, aber eines kann ich rückblickend mit gutem Gewissen sagen: Es ging mir nie ausschließlich um schnellen Sex, ich hatte vielmehr einfach Freude daran, neue Kontakte zu knüpfen und auf die verschiedenste Art andere Kulturen zu studieren. Ein Beleg dafür mag die Geschichte sein, an die ich heute noch mit einer Gänsehaut zurückdenke.

Drei Bierdosen auf dem Rücksitz

Ich war in Sitra an der Küste von Bahrain und wurde Zeuge, wie sich eine meiner Freundinnen, eine junge Chinesin, beim Jetski-Fahren schwer verletzte. Weit und breit gab es keine Hilfe, und das Mädchen musste dringend ins Krankenhaus. Der Jetski-Verleiher besorgte mir das Auto eines Touristen, und ich brauste mit der jungen Frau zur Notaufnahme des Salmaniya Hospital. Während ich sie dort ablieferte, inspizierte ein Polizist den Wagen und fand auf dem Rücksitz drei Bierdosen – in Bahrain ein kapitales Vergehen!

Im Nu landete ich auf der Wache, wo ein fetter Ordnungshüter mit strengem Geruch, schlechten Zähnen und dickem Oberlippenbart mit dem Verhör begann. Er hatte ein unheilverheißendes Grinsen im Gesicht, stellte mir die verrücktesten Fragen und beschuldigte mich schließlich mit den Worten: »I tell you, you wanted to kill this lady.« Ich kann mir diese aberwitzige Unterstellung nur damit erklären, dass er hoffte, ich würde in Rage geraten und ihm damit einen Grund liefern, mit dem hölzernen Schlagstock auf mich loszugehen. Diese Methode war bei den Polizisten in Bahrain sehr beliebt und hatte wenige Wochen vorher einem französischen Souschef des »InterConti Hotels« mehrere Knochenbrüche eingebracht. So versuchte ich, die Nerven zu behalten und völlig ruhig zu bleiben.

Der Polizist änderte nun seine Taktik und drohte mir mit einer dreitägigen Untersuchungshaft. Als er mich durch den Wachraum abführte, stand dort vor einer Landkarte ein untadelig gekleideter Offizier mit Barett, der gerade ein paar Untergebene instruierte. Als er mich sah, ging ein Lächeln über sein Gesicht, und er begrüßte mich mit ausgesuchter Höflichkeit: »Kefhalek, Habibi ...« Das bedeutet so viel wie: »Wie geht's dir, mein Freund?« Ich antwortete ebenso höflich: »Sen alhamdulilla« – »Gut, so Gott will.« Ich konnte mich nicht erinnern, den Mann schon einmal gesehen zu haben, aber mein stinkender Polizist salutierte stramm vor ihm, offensichtlich seinem Vorgesetzten, und verschwand dann nach einem kurzen Wortwechsel grußlos.

Die weitere Unterhaltung ergab, dass der Offizier ein paar Tage zuvor bei uns im Hotel gewesen war und einen unserer englischen Souschefs gut kannte. Er erklärte mir, die Sache sei erledigt und ich könnte selbstverständlich gehen. Ich bedankte mich überschwänglich, aber er war sichtlich unbeeindruckt und kündigte lediglich an, dass er bald wieder in unser Restaurant kommen und sich darüber freuen würde, wenn ich dann für ihn kochte.

Eine ständige Gefahr für uns Ausländer ergab sich daraus, dass viele Araber ganz offensichtlich schwul sind und sich einen Spaß daraus machten, den Jüngeren unter uns nachzustellen. Ich habe erlebt, wie ein Vertreter dieser Spezies versuchte, mich meiner Hose zu entledigen, während ich in voller Kochmontur mit dem Aufbau eines Büfetts beschäftigt war. Auch Taxifahrer sind mir mit ihren Annäherungsversuchen in lebhafter Erinnerung geblieben. Meine gute körperliche Kondition verhinderte in allen Fällen, dass mir etwas geschah, und ich hatte auch keine Hemmungen, meine

Abneigung gegen solche Avancen notfalls mit der Faust deutlich zu machen.

Bei einem Besuch in der Bar des »Aradus Hotels« lernte ich einen amerikanischen Hubschrauberpiloten kennen, der für die Firma Bell arbeitete und in Bahrain Demonstrationsflüge veranstaltete, weil die Regierung Interesse an solchen Helikoptern bekundete. Während wir uns unterhielten, betraten drei sichtlich betrunkene Araber den Raum, und einer von ihnen versuchte sofort, den Amerikaner zu betatschen. Da war er allerdings an den Falschen geraten. Der Pilot fegte ihn von der Matte und wurde daraufhin von allen dreien angegriffen. Natürlich sah ich mich verpflichtet, ihm zu Hilfe zu kommen, und zu zweit schlugen wir das Trio in wenigen Augenblicken in die Flucht. Er bedankte sich freundlich und lud mich am nächsten Tag zu einem Helikopterflug ein. Unser Ausflug über den Golf und die Küste, zum Teil in abenteuerlichem Tiefflug, sodass die Besatzung einer Dhau vor Angst ins Wasser sprang, ist mir bis heute als eines meiner schönsten Flugerlebnisse in Erinnerung.

Bahrain brachte mir viele widersprüchliche Eindrücke und Erlebnisse, darunter auch Begegnungen mit zahlreichen prominenten Zeitgenossen. So war Tina Turner damals gerade von ihrem Mann Ike getrennt, musste ihre Solokarriere erst aufbauen und war daher für eine Gage zu engagieren, die ihr später gerade einmal fürs Taschengeld gereicht hätte. Das Hotel bezahlte ihr für drei Shows samt Band ganze 24 000 US-Dollar. Roberta Flack erreichte im Hotel fragwürdige Berühmtheit, weil sie sich, statt auf der Bühne zu stehen, nur mit einem Pelzmantel bekleidet von einem Taxifahrer die Steinwüste zeigen ließ. Mit Trini Lopez, dem Latino-Rocker, habe ich im »Golf Hotel« eine Jamsession gegeben, Petula Clark hatte riesigen Spaß daran, während eines Cocktailempfangs in den Pool geschmissen zu werden. Und Sacha Distel folgte mir häufig in die Küche, weil er selbst mit Leidenschaft kochte und sich speziell für arabische und indische Gerichte bei uns Inspirationen holte. Demis Roussos war ein übler Scharlatan, der die Konditionen seines Vertrags nicht einhielt und mit schauerlichem Playback-Gesang sein Publikum so verärgerte, dass die Hälfte des Eintritts zurückerstattet werden musste. Cliff Richard, der mit langer Vorlaufzeit für eine Silvestergala gebucht worden war, sagte sechs Wochen vor seinem Auftritt die Veranstaltung ab und bezahlte willig alle Vertragsstrafen, denn inzwischen hatte er einen Welthit gelandet und konnte an anderer Stelle deutlich mehr Geld verdienen.

Viele der vermeintlich großen Stars habe ich mit sehr menschlichen Schwächen erlebt, aber am liebsten erinnere ich mich an Charles Aznavour. Dieser kleine Mann verstand es, sein Publikum wahrhaftig zu verzaubern. Unvergessen ist mir ein Auftritt von ihm, wo er live sang und den Text des Lieds gleichzeitig in Gebärdensprache vortrug.

So aufregend sich das Leben in Bahrain gestaltete, es wurde mir schon bald klar, dass ich dort nicht sesshaft werden würde. Da kam es mir, als die Saison zu Ende ging, gerade recht, dass meine Vorgesetzten mich fördern wollten und mir ein fünfwöchiges Trainingsprogramm bei Jacques Le Divellec in La Rochelle anboten. Ich packte meinen Überseekoffer und sagte ohne großes Bedauern Ali Babas Welt für ein paar Wochen Adieu.

Mouclade und Matrosensoße

Zwischenspiel in La Rochelle

Meine Reise nach La Rochelle schien anfangs unter einem unglücklichen Stern zu stehen. Erste Station, von Bahrain kommend, war Amsterdam, wo ich zwar pünktlich landete, nicht aber mein Gepäck. Das freundliche Personal von Singapore Airlines händigte mir einen Gutschein über 180 Gulden aus, damit erwarb ich Rasierzeug, Unterwäsche und eine Jacke.

Ich wohnte im »Hilton« in Amsterdam und erfuhr einmal mehr, wie angenehm es ist, der großen Familie in dieser Hotelgruppe anzugehören. Der Rezeptionschef des Hotels, der mich überaus freundlich begrüßte, war Michael Andrewitsch, dessen Bruder Gregor mit mir in Bahrain gearbeitet hatte. Man kümmerte sich rührend um mich, und ich wurde dem Küchenchef Graham Catman, einem wahren Gentleman, vorgestellt, den ich später in Singapur wiedertreffen sollte. Am nächsten Tag reiste ich weiter nach Paris – immer noch ohne Gepäck, die Airline versprach, es würde mir nach La Rochelle hinterhergesendet. (Auch dort kam es nie an, ich habe es erst Wochen später verschimmelt, durchwühlt und um meine wertvollsten Arbeitswerkzeuge erleichtert durch Zufall am Flughafen von Bahrain wiedergefunden.)

Und dann diese Enttäuschung: Am Ende der langen Reise setzte mich der Taxifahrer vor einem unscheinbaren, schmalen Haus inmitten einer typisch französischen Straßenzeile ab. Das sollte das imposante Hotel »Le Yachtman« meines Küchenidols Jacques Le Divellec sein? Ich hatte mir eine Art Gourmet-Tempel vorgestellt,

Er war eines meiner ganzen großen Vorbilder und führt heute noch immer sein eigenes Restaurant: Jacques Le Divellec.

aber die automatische Schiebetür schien tatsächlich das Fortschrittlichste an diesem Haus zu sein.

Mein Eindruck verbesserte sich auch nicht, als ich die kleine Lobby betrat, sie strahlte in biederem französischem Provinz-Design für mich keinerlei Charme aus, das einzig Ungewöhnliche darin war ein ausgestopfter Hund. Erst später erfuhr ich, dass es sich dabei um den verstorbenen Lieblingshund der Madame des Hauses handelte. Das Restaurant war an diesem Tag geschlossen, die Lobby menschenleer. Dann aber verbesserte sich meine Laune schlagartig, als auf mein Rufen hin eine kurzhaarige, dunkelhäutige und überaus gut proportionierte junge Dame den Raum betrat, die mich auf Deutsch mit einem wunderbaren französischen Akzent nach meinen Wünschen fragte.

Um es kurz zu machen: Ich erzählte ihr von meinem Pech und weckte ihr Mitleid. Und weil ich neu und alleine in der Stadt war, erbot sie sich, mir ein wenig die Gegend zu zeigen. Die Tour dauerte nicht lange, dann landeten wir in ihrem Apartment, und die unglückliche Anreise endete so ganz und gar nicht unglücklich.

Der Fleischmarkt als Notlüge

Am nächsten Morgen um sieben Uhr wartete der groß gewachsene Jacques Le Divellec in der Lobby auf mich, es war ausgemacht, dass ich ihn auf den Fischmarkt begleiten sollte. Nach einer kurzen Begrüßung brachte er mich mit der Frage in peinliche Verlegenheit, warum ich frühmorgens in meinem Zimmer nicht telefonisch zu erreichen gewesen sei. Ich musste zu einer Notlüge greifen und erklärte, dass ich mich um diese Zeit bereits auf dem Fleischmarkt umgesehen hätte (irgendwie stimmte das ja auch). Wir zogen los. Dritter im Bunde war Hubert Schiefer, ein angenehmer Österreicher, Küchenchef des »Schiphol Hilton« in Amsterdam und ebenfalls Gast an der Atlantikküste. Die folgenden Stunden wurden zu einer der interessantesten Lektionen meines Lebens. Ich lernte, dass die Welt der Edelfische nicht nur aus Seezunge, Steinbutt und Wolfsbarsch besteht, Divellec verfügte über ein unglaubliches Wissen um alle Spielarten des Seafood und teilte seine Kenntnisse bereitwillig mit uns. Seine Liebe zum Fisch hat ihn später animiert, in der Pariser Rue de l'Université sein legendäres Lokal »Cuisine de la Mer« zu eröffnen,

Nirgendwo habe ich so viel über Fisch und Meeresfrüchte und – wie hier – über das Putzen und Zubereiten gelernt wie bei Divellec in La Rochelle.

das er heute noch betreibt. Ich durfte ihn einmal dort besuchen und habe später mit ihm zusammen eine sehr erfolgreiche Food-Promotion in Bangkok organisiert.

Nach der Rückkehr ins Hotel entledigten wir uns zunächst der edlen Ware, die wir auf dem Markt erworben hatten, dann wurde uns die Brigade vorgestellt. Sechs Köche und zwei Spüler umfasste das ganze Team. Mit ihren dicken blauen Latzschürzen, Knopf um den Hals und schiffchenähnlicher Kopfbedeckung entsprachen sie genau der Vorstellung, die man von einem französischen Küchenteam hat.

Frankreich, das lernte ich schnell, hat zum Essen eine völlig andere Einstellung als wir Deutschen. Das war mir schon am Morgen aufgegangen, als ich auf dem Markt zwei junge Frauen belauschte, die einen typischen »Weiberklatsch« hielten. Euphorisch zählten sie auf, wie sie ihr Mittagsmenü mit den Produkten des Marktes kreieren wollten.

Auch der Maître selbst erstaunte mich mit seiner Einstellung, eigentlich kann man sagen: mit seiner Liebe zum Produkt. Fische wie die Dorade Royal wurden im rohen Zustand vom Rücken her von Mittel- und Bauchgräten befreit und stehend auf dem Ofenblech mit etwas Olivenöl, weißem Pfeffer und Meersalz gegart. Der Fisch als Lebewesen war ihm so wichtig, dass er ihn selbstverständlich bei Tisch in dieser natürlichen Form präsentierte. Bei uns hat sich leider fast überall durchgesetzt, dass nur noch die Filets serviert werden, um dem Gast den Blick in die toten Augen seiner Hauptspeise zu ersparen.

Die Fische aus dem Ofen wurden dann meist auf püriertem, blanchiertem Kopfsalat angerichtet, dazu gab es die klassische Beurre blanc oder eine mit Curry parfümierte Muschelfond-Zabaione. Der Gipfel der Küche von La Rochelle aber war für mich die Mouclade, wie sie von Maître Divellec zubereitet wurde und heute immer noch ab zu auf meinem Küchenplan steht.

Divellec war ein wahrer Küchenhierarch und führte seine Brigade mit äußerst harter Hand. Ich habe erlebt, wie ein ausgelernter Jung-Pâtissier das sogar buchstäblich mit einem schmerzhaften Schlag ins Genick zu spüren bekam, als er Divellecs legendäre Feuilleté (ein äußerst schwierig herzustellender Butter-Blätterteig) im Ofen verbrennen ließ und der Gast daraufhin eine weitere halbe Stunde auf sein Hauptgericht warten musste. »A la minute« ist in der guten

Mouclade »La Rochelle«

Französische Spezialität für vier Personen

Das braucht man

2 kg Miesmuscheln
4 große Schalotten
4 mittelgroße Knoblauchzehen
60 g Butter
200 ml Weißwein (Sancerre oder Pinot gris)
400 ml Sahne
2 EL Currypulver
3 EL Crème fraîche
1 EL Dijon-Senf
Salz, schwarzen Pfeffer aus der Mühle

So wird's gemacht

- Die Muscheln entbarten und kurz unter fließendem Wasser abwaschen. Offene und angeschlagene Muscheln entfernen.

- Schalotten und Knoblauchzehen schälen und fein hacken.

- Butter in einem breiten Topf zergehen lassen, Schalotten und Knoblauch darin glasig andünsten.

- Muscheln hinzugeben, die Hitze erhöhen, mit Weißwein ablöschen und danach sofort den Topf mit einem Deckel verschließen.

- Nach ca. einer Minute alle weiteren Zutaten bis auf Salz und Pfeffer beigeben, Deckel wieder auflegen und die Muscheln weitere zwei Minuten köcheln lassen.

- Mit einem Sieblöffel die Muscheln herausnehmen und die Soße sämig einkochen lassen. In der Zwischenzeit die Hälfte der Muschelschalen abtrennen und die Teile mit dem Muschelfleisch spiralförmig auf einem vorgewärmten Teller anrichten.

- Die Soße mit (wenig!) Salz und Pfeffer abschmecken und mit einem Löffel auf den Muscheln verteilen. Das Gericht mit frischem Baguette servieren.

Küche eine Selbstverständlichkeit, kann aber in so einem Fall auch zum Nachteil werden.

In manchen Dingen, auch das sei der Ehrlichkeit halber gesagt, ging mir die kompromisslose Art von Divellec zu weit. So beobachtete ich jeden Tag fassungslos, wie Beilagen und Gemüsegarnituren komplett in den Müll wanderten. Da verwandelten sich die teuren Prinzessbohnen aus Kenia in Schweinefutter, während fast zeitgleich eine große Konservendose mit billigster Bohnenpampe für das Personalessen geöffnet wurde. Aber man kann überall etwas lernen – und sei es nur, wie man es selbst nicht machen möchte.

Es muss nicht immer Weißwein sein

Ich erfuhr in dieser Zeit viele Dinge, die meine Küchen-Weltsicht gründlich durcheinanderbrachten. Dazu gehörte zum Beispiel die Sauce matelote, die sogenannte Matrosensoße, die mit viel gutem Rotwein, angebratenen Karkassen von Fisch und Krustentieren und Röstgemüse zu sämiger Konsistenz eingekocht wird. Dass Weißwein der einzig zulässige Begleiter im Topf bei der Zubereitung feiner Soßen für Meeresfrüchte sein muss, wurde damit eindeutig widerlegt. Aber es gibt auch eine zweite Variante in der klassischen französischen Soßenküche, die doch mit Weißwein zubereitet wird. Diese kräftige dunkle Soße präsentierte Divellec mit einer Tranche vom Steinbutt, die ungewürzt langsam in Olivenöl pochiert wird, obenauf garniert mit kurz sautierten Herbsttrompeten – ein reizvoller Schwarz-Weiß-Kontrast mit überraschenden Geschmacksnuancen.

Eine Schwäche des Maître entdeckte ich, als etwa eine Woche nach meiner Ankunft plötzlich höchste Nervosität in der Küche ausbrach. »Les journalistes de Suisse sont arrivés«, hallte Divellecs durchdringende Stimme über die ganze Brigade, und dann begann ein seltsames Theater. Tatsächlich waren zwei Journalisten im Auftrag der *Neuen Basler Zeitung* angereist, um einen umfassenden kulinarischen Bericht über die Gironde maritime zu schreiben. Dabei sollten auch der Alltag und das Leben von Jacques Le Divellec beschrieben werden. Gleich am ersten Morgen stapfte der Meister in Gummistiefeln mit den beiden durch das Watt und pflückte dort höchstpersönlich den »laitue de mer«. Die gut gelaunten Schreiber schmunzelten und traktierten mich mit der Frage: »Das kann uns doch niemand erzählen, dass er das jeden Tag macht.« Natürlich durchschauten sie das Theater, das Divellec ihnen zu Ehren inszeniert hatte.

Damals lächelte ich darüber, aber heute kann ich Divellec besser verstehen, denn die Existenz eines Restaurants war schon immer (und daran hat sich bis heute nichts geändert) abhängig von einer guten Presse. Die Leistung der Küche wurde gottlob sehr positiv beschrieben, obwohl der gute Eindruck zum Schluss fast noch ins Wanken geraten wäre, als sich einer der Journalisten am letzten Abend in angetrunkenem Zustand seinen Ellenbogen an einem »Wand-Stalaktiten« in dem winzigen Zimmerchen blutig stieß. Tatsächlich waren die Zimmer so klein, dass man im Bett liegend den Fernseher mit dem großen Zeh bedienen konnte, und die seltsam ausgeformten Wände haben bestimmt nicht nur bei dem Journalisten Verletzungen verursacht.

Divellec verhalf mir zu vielfältigen, gänzlich unterschiedlichen Eindrücken. Seine Genialität in der maritimen Küche war sicher der wichtigste Aspekt, er bewies mir aber auch, dass er nicht nur mit Fisch umgehen konnte, als er für eine Veranstaltung mit 80 Personen ein klassisches »Pot-au-feu« in Form eines Büffets aufbaute. Für mich war das ein Déjà-vu, denn dieses ebenso rustikale wie kulinarisch wertvolle Gericht gehörte in meinen Lehrjahren bei Karl Reindl zu den Klassikern, die fast jeden Samstag im »Partenkirchner Hof« serviert wurden.

»Eines müsst ihr vor eurer Abreise noch sehen«, erklärte der Maître meinem österreichischen Freund Hubert und mir und fuhr uns an einen Küstenabschnitt, an dem heute noch der größte U-Boot-Bunker mit Trockenwerftanlage der deutschen Marine aus dem Zweiten Weltkrieg steht. Die Franzosen hatten versucht, die Anlage wegzusprengen, waren jedoch an der Qualität deutscher Wertarbeit gescheitert. Wenige Monate vorher hatten in den alten Betonmauern Dreharbeiten für den deutschen Filmklassiker *Das Boot* stattgefunden, einer der Hauptdarsteller, Jürgen Prochnow, war elf Jahre später häufig in meinem eigenen Restaurant zu Gast.

Es ging mir durch den Kopf, dass die Deutschen mit solchen Hinterlassenschaften in der Region eigentlich nicht besonders beliebt sein konnten. Aber das stimmte wohl nur zum Teil, denn die »Zimmermädchen«, die in unserem Hotel mehr ergraute Zimmer-Damen waren, erzählten mir mit umflortem Blick, wie gerne sie die deutschen Soldaten gehabt und was für wunderbare Romanzen sie mit ihnen erlebt hätten.

Hubert, der Österreicher, mit dem ich mich in La Rochelle sehr angefreundet hatte, schwärmte mir immer wieder von seiner Zeit in Venezuela vor, insbesondere von seinem damaligen Küchenchef in Caracas, der auch in La Rochelle gewesen und drei Wochen vor meiner Ankunft abgereist war. Dieser Frank Müller schien in Südamerika eine Ikone der Kochkunst zu sein, und meine Lust wurde immer größer, für eine Weile an seinem Herd zu stehen. Ich rechnete mir gute Chancen dafür aus, denn ich war bereits im zweiten Jahr in Bahrain, und nach einer solchen Zeit schien es durchaus erfolgversprechend, einen »Transfer« zu beantragen. Mit solchen Transfers und etwas Glück und Geschick kann man in der Hotellerie und Gastronomie fast die ganze Welt kennenlernen. Die Generaldirektoren des bisherigen und des zukünftigen Anstellungsbetriebs müssen sich einig sein, dann darf der Mitarbeiter reisen. So beschloss ich, gleich nach meiner Rückkehr ins »Bahrain Hilton« einen solchen Antrag zu stellen. Ich verabschiedete mich vom Grand Chef Jacques Le Divellec und noch viel intensiver von der zauberhaften Rezeptionistin und kehrte zunächst zurück an den Golf.

Feldjäger und Hundefutter

Auf Umwegen von Bahrain nach Venezuela

Zurück in Bahrain führte mich mein erster Weg zu unserem Direktor Klaus Winkler, dem ich meinen Wunsch bezüglich eines Transfers nach Caracas vortrug. Ich wusste nicht, ob ich ihn damit wütend machen würde oder ob er Verständnis hätte, aber meine Frage rief eine ganz andere, unerwartete Reaktion hervor: Er lachte aus vollem Halse. »Wollen Sie tatsächlich mit einem Esel oder hoch zu Ross zu Ihrer täglichen Arbeit reiten?«, fragte er mich schließlich. Ich wusste nicht, was er meinte, aber in seiner Erinnerung war das tatsächlich Realität: Als er selbst Ende der 50er-Jahre im venezolanischen Spitzenhotel »Tamanaco Intercontinental« gearbeitet hatte, griff man dort bisweilen noch auf solche Transportmittel zurück. Aber natürlich wusste auch er, dass diese Erinnerungen 20 Jahre alt waren und sich die Umstände in der Zwischenzeit gründlich geändert hatten. Winkler lobte meine Arbeit und versprach mir den Transfer, sobald eine angemessene Position in Caracas frei werden würde. Einige Wochen später erhielt ich die freudige Nachricht, dass meiner Reise nach Venezuela nichts mehr im Wege stehen sollte.

Eine dumme Bemerkung hätte den schönen Plan im letzten Augenblick beinahe zunichte gemacht. Peter Wende, der damalige Küchenchef im Münchner »Hilton«, war gut bekannt mit Frank Müller, dem Küchenchef in Caracas, und reiste für ein paar Tage zu ihm, um bei der Vorbereitung eines deutschen Food-Festivals zu helfen.

Müller erzählte von dem Neuzugang, den er erwartete, und erwähnte meinen Namen. Das veranlasste Wende zu der Frage: »Du meinst doch nicht etwa den Schläger aus Bahrain?« Er hatte von meiner Auseinandersetzung mit dem Koch gehört, bei der ich eine schwere Kopfverletzung davongetragen hatte. Müller, so erfuhr ich später, überlegte daraufhin ernsthaft, ob er die Entscheidung rückgängig machen sollte, entschied sich dann aber, das Risiko einzugehen, und hat es (hoffentlich!) nicht bereut.

Dazu galt es, ein paar weitere gefährliche Klippen zu umschiffen, bevor ich mich nach Mittelamerika verabschieden konnte: Es war klar, dass ich für dieses Engagement einen Führerschein brauchte, und den musste ich in Deutschland machen, wo ich zu dieser Zeit quasi schon als Fahnenflüchtiger galt.

Wie immer holte mich mein Vater vom Flughafen ab, und dann gab es in der elterlichen Wirtschaft eine rührende Wiedersehensfeier. Geplant war, dass ich eine gute Woche bleiben sollte, bis zu zehn Tage war man, so hieß es, halbwegs sicher, bevor die Feldjäger anrückten und einen mit Gewalt der Bundeswehr einverleibten. Aber schon am nächsten Tag wurde es brenzlig: Offensichtlich hatte mich ein missgünstiger Nachbar verpfiffen, und nun stand den ganzen Tag ein unauffälliges Auto mit langer Antenne vor dem Haus – mein Vater hatte es Gott sei Dank rechtzeitig entdeckt, bevor ich die Nase aus der Tür steckte. Natürlich rührte ich mich nicht von der Stelle, und schließlich rückten die Fahnder frustriert wieder ab.

Es war klar, dass ich schleunigst wegmusste, aber das Drama ging noch weiter: Unser junger, verspielter Schäferhund hatte offensichtlich etwas dagegen, dass ich wieder in die Ferne reiste. In der Nacht vor meinem Abschied bekam er meinen Reisepass zu fassen und zerfetzte ihn so, dass er unbrauchbar war. Es blieb mir nichts anderes übrig, als am nächsten Morgen zum Einwohnermeldeamt im Rathaus zu gehen und im Schnellverfahren einen neuen Pass zu beantragen.

Schon an der Reaktion der jungen Damen dort bemerkte ich, dass etwas nicht in Ordnung war, und dann wurde ich zum Chef der Abteilung gebeten. Es stellte sich heraus, dass ich ihn kannte: Er war ein früherer Schulkamerad meines Bruders, aber das verbesserte meine Situation in keiner Weise. Mit ernster Miene fragte er mich, ob ich wüsste, was gegen mich vorläge. Ausflüchte hatten keinen Zweck, und so erklärte ich ihm meine Situation: dass ich gerade das Angebot meines Lebens in Caracas bekommen hätte und ihn inständig bitten würde, mir diese Chance nicht zu vermasseln.

Ein winziges Hintertürchen

Ich merkte, dass er mich mochte und mir helfen wollte, aber er war ein aufrechter Staatsdiener: »Sie bekommen den Pass von mir – der steht Ihnen zu«, erklärte er mir schließlich, »aber ich komme nicht drum herum, Sie zu melden.«

Der Trick lag in dieser Reihenfolge: Ich holte am nächsten Tag meinen nagelneuen Reisepass, mein Vater stand mit laufendem Motor vor der Tür und fuhr mich vom Rathaus direkt zum Flughafen Riem, wo mein Flug via Frankfurt nach Südamerika startete, bevor die Behörden aktiv werden konnten. Das Kapitel Wehrdienst war damit für mich ausgestanden. Ich kehrte in der Zeit, die für meine Einberufung infrage kam, nur noch einmal kurz und unbemerkt nach Deutschland zurück. Als ich Jahre später, von Thailand kommend, wieder den Fuß auf deutschen Boden setzte, war ich längst über das Alter der Wehrpflichtigen hinaus und die ganze Angelegenheit ohnehin verjährt.

Maisküchlein und Transvestiten

Abenteuerliche Jahre in Venezuela

Ich war überaus gespannt auf den sagenumwobenen Küchenchef Frank Müller, als ich im Oktober 1981 in Caracas landete. Am Flughafen abgeholt wurde ich vom Souschef Robert Fischer, einem Schwarzwälder mit Rennfahrerambitionen, der mir auf der 40-minütigen Fahrt bis zu meiner neuen Arbeitsstätte klarzumachen versuchte, dass neben Müller eigentlich nur er in der Küche etwas zu sagen hätte. Einschüchtern ließ ich mich davon nicht, und wir haben es während meiner Zeit in Caracas tatsächlich geschafft, friedlich nebeneinander zu existieren.

Kaum angekommen, führte mich der erste Weg zu dem gläsernen Büro inmitten der riesigen Küche. Dort sah ich ihn zum ersten Mal, die Legende Frank Müller. Haare und Gesicht ähnelten dem späteren Eckart Witzigmann, schon von der Körperfülle her schien er mir wahrhaft Ehrfurcht gebietend. »Einen Schläger habe ich mir anders vorgestellt«, brummelte er, als ich mich vorstellte, und dann erzählte er mir die Geschichte von Bahrain, wie sie ihm zugetragen worden war.

Aber dieses Anfangsgeplänkel war schnell vergessen, ich hatte nun erst einmal alle Hände voll zu tun, mich in das Team einzufügen. Es war nicht zu übersehen, dass die etwa 80 Mann starke Brigade einen extremen Respekt vor Müller hatte. Alle verantwortlichen Positionen waren mit deutschsprachigen Köchen besetzt. Müller selbst glänzte mit vielfältigen Sprachkenntnissen und einer unglaublich souveränen Art. Alle Versuche, durch Duckmäusertum bei ihm zu

Für mich ein Ort sehr widersprüchlicher Erinnerungen: das »Caracas Hilton«.

punkten, scheiterten. Nur mit solider Leistung am Arbeitsplatz konnte man sein Herz gewinnen.

Genau gegenüber dem gläsernen Büro war eine der wichtigsten Einrichtungen des Hauses: der »Chef's Table«, ein kleiner Bewirtungsraum, der von den Angestellten auch respektlos als »Saufstall« bezeichnet wurde. Kaum angekommen, wurde ich vom Chef dort hineinexpediert und auf ein paar Whiskys eingeladen. Wie wichtig dieses Getränk für die Kommunikation mit ihm war, sollte ich in nächster Zeit schnell lernen. Anfangs konnte ich mir kaum vorstellen, dass ich dem schottischen Nationalgetränk viel abgewinnen würde, aber das hat sich inzwischen grundlegend geändert.

Grundregeln fürs Überleben

Venezuela, heute leider gänzlich verkommen und verarmt, war damals schon ein problematisches Land. Müller sah es als seine Pflicht an, mir in aller Eindringlichkeit ein paar Grundregeln mit auf den Weg zu geben, um mein Überleben zu sichern. Ich habe sie bis heute nicht vergessen:

▸ Wenn du durch die Straßen von Caracas gehst, schau ständig nach links und rechts, ob jemand auf dich zukommt und dir verdächtig vorkommt.

▸ Kommt dir ein Schwarzer mit Turnschuhen auf dem Gehsteig entgegen, dann wechsle sofort die Straßenseite!

▸ Auch wenn es noch so heiß ist – lass beim Autofahren nie die Scheibe an der Fahrerseite herunter. Willst du es doch tun, dann trage wenigstens die Armbanduhr an der rechten Hand.

▸ Verschließe beim Autofahren immer alle Türen und sei wachsam, wenn du an der Ampel stehst.

▸ Bleib nachts mit dem Auto nie stehen. Fahre notfalls bei Rot über die Ampel – und sei wachsam an grünen Ampeln, denn die anderen machen es genauso.

▸ Wenn du ein nettes Mädchen kennenlernst und mit zu dir nach Hause nimmst, dann verstecke Geld und Wertsachen so lange, bis du sie richtig kennst und von ihren ehrlichen Absichten überzeugt bist.

▸ Wenn du zur Bank gehst, dann geh am besten nie allein und passe höllisch auf, bis du deine Haustür wieder hinter dir geschlossen hast.

Das alles war sicher gut gemeint und sollte mir zu mehr Sicherheit verhelfen, hatte aber erst einmal den gegenteiligen Effekt: Ich lebte in ständiger Angst. Wenn mir jemand auf der Straße begegnete und mir einen Blick zuwarf, wechselte ich sofort die Straßenseite; wenn auch dort eine verdächtige Person auftauchte, musste ich wieder zurück – so zogen sich auch kurze Wege oft ewig lang hin. Es dauerte eine ganze Weile, bis ich Situationen richtig einschätzen konnte und anfing, Spaß an dem Land zu bekommen.

Meine erste private Errungenschaft in Caracas war ein Auto, ein Hillman Arrow in froschgrüner Farbe. Mit seinem Fließheck ähnelte das englische Gefährt dem alten Opel Kadett, verfügte jedoch über ein Automatikgetriebe. Ein Deutscher hatte mir das »Carrito« verkauft, das seiner verstorbenen Frau gehört hatte. Damals war der Wagen schon neun Jahre alt, kostete aber umgerechnet immer noch stolze 6000 Euro.

Schnell merkte ich, dass man wesentlich besser an interessante Frauen herankam, wenn man ein Auto besaß, und mein Selbstvertrauen gegenüber den Chicas wuchs deutlich. Ein interessantes Potenzial bot die Telefonzentrale des Hotels mit ihren »Operadoras«, zumeist gebildete Frauen, die Englisch sprachen. Besonders fiel mir

Mein heiß geliebtes Auto in Caracas – und eine venezolanische »Chica«, die mich auf Ausflügen mit dem flotten Gefährt eine Weile begleitete.

dort Iris auf, eine heißblütige Mestizin, die stets mit dem Rennrad unterwegs war. Schnell landete ich einen Treffer bei ihr und konnte meinem anfänglichen Junggesellenleben Adieu sagen.

Meine Damenbekanntschaften brachten es mit sich, dass ich auch schnell die venezolanische Küche kennenlernte, denn wenn wir am Abend ausgingen, gehörte es zum guten Ton, spätnachts an einem Imbiss haltzumachen und eine der Köstlichkeiten des Landes zu genießen. Am populärsten sind dort die Arepas – kleine Küchlein, die äußerlich wie Bouletten aussehen. Tatsächlich sind sie aus einem Maisteig, der auf den Grill kommt, bis er außen hart ist. Das weiche Innenleben wird herausgekratzt, und in den Hohlraum kommt Pernil, gegrillte Schweineschulter, und obendrauf wahlweise eine grüne oder rote Salsa picante. Den herrlichen Duft dieser frisch zubereiteten Spezialität habe ich noch heute in der Nase, und ich gestehe freimütig, dass ich dafür jede türkische Döner-Bude und jeden Wiener Würstelstand links liegen lassen würde.

So erfreulich sich meine Erfahrungen mit der Landesküche entwickelten, so schwierig gestaltete sich das Einleben in die Küchenmannschaft. Dass die Latinos Frauen gegenüber ein fast unerträgliches Machogehabe an den Tag legen, war mir klar, dass sie dieses übertriebene Selbstbewusstsein auch bei der Arbeit ständig zur Schau stellen müssen, gehörte zu den nervtötenden Erfahrungen der ersten Wochen.

Dauertrinker und Küchenkrüppel

Es war insgesamt die seltsamste Brigade, die ich je erlebt habe, ein bunt gewürfelter Haufen, mit dem man jeden Fellini-Film hätte bestücken können. Da war Joseph Czevroncka, unser Grillkoch, ein polnischer Dauertrinker, der sich seine Einreise nach Venezuela viele Jahre vorher mit Zigarettenschwarzhandel am Münchner Hauptbahnhof erwirtschaftet hatte, oder der alte Suppenkoch Santana, der mit Gemüse und Brühe genauso gut umzugehen wusste wie sein Namensvetter mit der Gitarre. Seine autistischen Züge waren sein Markenzeichen, und es hat, glaube ich, niemand von uns jemals geschafft, ein persönliches Wort mit ihm zu wechseln.

Eine ebenso schillernde Erscheinung in Kochmontur war Hektor »El Cocho«, der Küchenkrüppel mit Klumpfuß, gerade 1,45 Meter klein und mit einem hässlichen Pockennarbengesicht, aber ein begnadeter Saucier, dem die Latinos hexerische Fähigkeiten zusprachen. Eine ebenso bedauernswerte Kreatur war Enrique, der Saftquetscher, dessen Finger und Fingernägel vom jahrelangen Umgang mit der aggressiven Säure in Ananas und Zitrusfrüchten völlig zerfressen waren. »El Indio« in der Pâtisserie hatte bestimmt einen anderen Namen, wurde aber von allen so genannt, weil er ein so typischer Vertreter seiner Rasse war – zu Hause lief er bestimmt mit Lendenschurz und Blasrohr herum. Unser Hotelmetzger mit Boxerallüren und ständiger Bereitschaft zum Nahkampf musste unausgesetzt besänftigt werden, damit der Betriebsfrieden gewahrt blieb, und Pimentel, der Gardemanger aus den Ranchos, den Elendsvierteln von Caracas, kam bei starkem Regen häufig nicht zur Arbeit, weil dann wieder einmal seine Hütte den Berg hinuntergespült worden war.

Dazu gesellten sich die Importköche, die Chefs de Partie und Souschefs aus Europa, mit höchst unterschiedlichen Qualifikationen: Lutz und Ingo, denen, so schien es mir manchmal, der Alkohol

Arepas

Venezolanische Maismehlfladen-Brötchen mit Geflügel-Avocado-Salat, Rezept für zwölf Arepas

Das braucht man

400 g vorgegartes weißes Maismehl (»Harina Pan«, im Fachhandel erhältlich)
½ l Wasser in Zimmertemperatur
40 ml Maiskeimöl
10 g Butter
360 g gekochtes Hühnerfleisch ohne Haut
280 g Avocado-Fleisch
40 g geschälte Schalotten
150 g Mayonnaise
5 Korianderblätter
Salz, weißen Pfeffer aus der Mühle, einige Tropfen frisch gepressten Zitronensaft

So wird's gemacht

Füllung

▸ Das gekochte Hühnerfleisch in kleine Würfel schneiden, in eine Schüssel geben und mit Zitronensaft beträufeln, die geschälten Schalotten fein würfeln, das Avocado-Fleisch in grobe Würfel schneiden, die Korianderblätter grob hacken.

▸ Mayonnaise zugeben, alle Zutaten vorsichtig vermischen, mit Salz und Pfeffer abschmecken.

Arepas

▸ Maismehl in eine Schüssel geben, Salz und Wasser zugeben und alles gut verkneten.

▸ 10 ml Öl über die Masse träufeln, alles noch einmal gut durchkneten und für 10 Minuten zur Seite stellen.

▸ Die Masse in zehn gleiche Portionen teilen und jede mit leicht eingeölten Händen zu einer Kugel formen. Die Maismehlkugeln flach drücken, sodass jede Arepa ca. 6 bis 7 cm Durchmesser hat, etwa 3 cm dick ist und um die 75 g wiegt.

Arepas *(Fortsetzung)*

- Eine schwere, flache Pfanne auf mittlere Hitze erwärmen, das restliche Maiskeimöl hineingeben und die Arepas auf jeder Seite ca. sieben bis acht Minuten bei mittlerer bis starker Hitze knusprig goldgelb backen, die letzten zwei bis drei Minuten etwas Butter dazugeben.

- Die gebackenen Arepas kurz auf Küchenkrepp legen, um das überschüssige Öl abtropfen zu lassen, dann in der Mitte zu zwei Dritteln aufschneiden, aufklappen und den weichen Teig herauskratzen. Auf die Hälften zwei Avocado-Scheiben legen, darauf den Geflügelsalat, das Ganze zuklappen und noch heiß servieren.

Profitipp

Arepas können auf ganz verschiedene Arten zubereitet werden. Sie lassen sich zum Beispiel auf einer heißen Ofenplatte beidseitig anbacken, im Ofen nachbacken, in der Fritteuse ausbacken sowie auf Holzkohle oder in der Pfanne grillen. Immer gilt: Sie müssen frisch zubereitet und sofort warm serviert werden.

und der Sex den Verstand geraubt hatten, Willi, der Chef-Pâtissier, der so intensiv mit seinem Arbeitsmaterial umging, dass er Schokolade schwitzte. Nach seinem Abgang mussten Matratze, Bettzeug und Teppich in seinem Zimmer verbrannt werden, weil sie nicht mehr zu reinigen waren. Sein Nachfolger der süßen Küchenabteilung wurde Albert Kutternick, ein wahrer Meister seines Fachs aus Österreich. Als er sich ein paar Wochen eingearbeitet hatte, kam seine frisch angetraute Ehefrau hinterher, aber nach wenigen Tagen schickte er sie wieder zurück und heiratete stattdessen eine Primaballerina von den Philippinen. Heute betreibt er im kalifornischen Sacramento einen Austrian Cake & Bakery Shop.

Der Letzte im Bunde war Michael Hageman, »Chamo« genannt, und eine der schlimmsten Quasselstrippen, die mir in meinem Leben begegnet sind. Er musste jeden seiner Gedanken sofort laut aussprechen, ich mied seine Nähe.

Chef Müller, der von den Latinos auch respektvoll »El Gordo«, der Dicke, genannt wurde, führte dieses kochende Gruselkabinett wie Captain Cook die Mannschaft der Bounty, seine Überzeugungskraft und Autorität haben mich immer wieder fasziniert. Honoratioren, die er für sich einnehmen wollte, wurden an den »Chef's Table« eingeladen und dort von ihm bekocht. Das machte selbst überzeugte Veganer blitzschnell zu fanatischen Fleischessern, und veritable Kapitäne vergaßen angesichts der leiblichen Genüsse dort schon einmal ihre Schiffe.

So trug es sich zu, dass zum 200. Unabhängigkeitstag Venezuelas eine internationale Flottenparade geplant war, an der auch das deutsche Marineschiff »Wilhelmshaven« hätte teilnehmen sollen. Dummerweise fand sich der größte Teil der Offiziersmannschaft am Tag zuvor zu einem Besuch bei Müller ein, und das hatte zur Folge, dass der große Chef nach 13 Stunden »Saufstall« mit allen nur erdenklichen Seefahrerorden ausgezeichnet war, die Offiziere in ihrem alkoholisierten Zustand aber nicht mehr in der Lage waren, an der Parade teilzunehmen. Die venezolanische Regierung zeigte sich darüber so brüskiert, dass der Hafen von Caracas für deutsche Marineschiffe die darauffolgenden sechs Jahre zum Sperrgebiet wurde.

Ein Direktor, der nicht mehr stehen kann

Die Liste solcher ungeheuerlicher und dennoch wahrer Geschichten aus dem Saufstall ließe sich beliebig fortsetzen. Am liebsten erinnere ich mich an den Tag, als ich gerade dabei war, eine Roastbeef-Platte anzurichten, und unser adeliger Direktor Marco von Nesselhauf dem Treiben nicht mehr länger zusehen wollte. Er stapfte auf Müller zu und erklärte mit energischer Stimme: »Ich muss dringend mit Ihnen reden …« Müller verweigerte sich dem Gespräch nicht, sondern bat seinen obersten Boss mit scheinheilig-freundlicher Miene an den legendären Tisch. Der nahm dort Platz – und schon war die Falle zugeschnappt. Es dauerte etwa neun Stunden, dann verließ der Adlige den kleinen Raum nicht etwa hoch erhobenen Hauptes, sondern bewusstlos auf einem Trolley des Room Service liegend. Seine Frau Sandoz Scott, eine wasserstoffblonde und inzwischen etwas patinierte Exschönheit, war als frühere Talkshow-Lady nicht auf den Mund gefallen und empfing ihn nach dieser Eskapade mit einigen Ausdrücken, von denen »fuck you« noch zu den harmloseren gehörte.

Übrigens wurde der diskrete Ort auch gerne von deutschen Diplomaten zu Gesprächen genutzt, bei denen sie keine Ohrenzeugen gebrauchen konnten. Einige der Gäste, die sich dort bekochen ließen – es waren führende deutsche Botschaftsangestellte –, erkannte ich Jahre später wieder in der *Bild*-Zeitung, als der Plutonium-Skandal aufgedeckt wurde.

Aber ich will nicht ungerecht sein: In erster Linie war der Chef's Table eine Einrichtung, die der Qualität der Küche zugute kam. Nach jeder erfolgreichen Veranstaltung lud Frank Müller den verantwortlichen Souschef zum Digestif in das Stübchen und belohnte ihn mit einer Flasche Chivas Regal. Diese Großzügigkeit kam gut an, und so entstand unter den Souschefs ein regelrechter Wettbewerb.

Was in unserem Restaurant serviert wurde, war ganz unterschiedlich. Natürlich gab es internationale Spezialitäten aller Art, aber auch die venezolanische Küche wurde hochgehalten. Eines der aufwendigsten Gerichte, die ich kennenlernte, war das Pabellón criollo, das nur mit viel, viel Zeit zu realisieren ist. Das Fleisch dafür muss stundenlang kochen, bis es in seine Muskelfasern zerfällt, die Reste werden von Hand auseinandergezupft. Dann wird es mit Paprikaschoten, Tomaten, Zwiebeln, Knoblauch und etwas Kreuzkümmel gedünstet, dazu gibt es schwarze Bohnen, gegrillten weißen Käse, gebratenes Gemüse, Kochbananen und Reis – für mich ein Beispiel, wie sich auch mit einfachen Zutaten ein herrliches Geschmackserlebnis zaubern lässt.

Eine der schillerndsten Figuren, die ich in Caracas kennengelernt habe, war der Exilkubaner und Ex-CIA-Agent Félix Rodriguez, auf dessen Konto, so hieß es, die Exekution von Che Guevara gegangen war – jedenfalls trug er am Handgelenk stolz dessen ehemalige Armbanduhr. Auch er war am Chef's Table bekocht worden und hatte bereits einige Gläser getrunken. Dadurch enthemmt, kam er auf die Idee, sich an meinem Hinterteil zu vergreifen. Normalerweise wehrte ich solche Angriffe sehr brüsk ab, aber in diesem Fall war das schwierig, weil er immer eine scharf geladene Waffe bei sich trug und ich in seinem Zustand nicht ausprobieren wollte, wie weit er noch Herr seiner Sinne war. Gott sei Dank gelang es mir in einem unbeobachteten Augenblick, den Raum zu verlassen.

Santana setzt sich einen Schuss

Manche Weltstars zeigten sich in unserem Hotel leider auch von ihrer finsteren Seite. Carlos Santana ist einer von ihnen. Er kam, lieferte eines seiner legendären Konzerte mit »Black Magic Woman« und »Samba Pa Ti« ab und nutzte den Chef's Table unverhohlen, um sich dort einen »Schuss« zu setzen. Auch das weltberühmte »Rat Pack« trat bei uns auf. Ein Mitglied des Trios erklärte danach unverblümt, dass es eine Folge-Show nur geben werde, wenn ihm zwei 15-jährige Knaben aus den Reihen des Hotelpersonals in seiner Suite zu Willen wären. Die Verlegenheit war groß. Der Wirtschaftsdirektor aus der Schweiz, R. Bachofen, kam verzweifelt in die Küche und bat uns um Rat, wie er am helllichten Nachmittag die Bedürfnisse des Stars befriedigen könne. »Avenida Casanova« hieß die Antwort, das war die sündige Meile, wo sich schon um diese Zeit junge Stricher herumtrieben. Die Security des Hotels wurde losgeschickt, um zwei passende Buben zu holen, die dann, frisch geduscht und als Jungkellner verkleidet, dem Superstar ein paar lustvolle Stunden bereiteten.

Andere Länder, andere Sitten – das musste ich in Venezuela vielleicht mehr lernen als in jedem anderen Land. Nicht alles gefiel mir, aber wenigstens der Küche konnte ich immer wieder neue, aufregende Facetten abgewinnen. Die Cachapas gehörten dazu, Pfannkuchen, die aus frischen gestoßenen Süßmaiskörnern, Ei, Milch, Maismehl und etwas Salz und Zucker zubereitet werden. Meist gibt es sie mit dem berühmten Queso blanco, einem Weißkäse aus den Anden, der gegrillt zu jeder Tageszeit gegessen wird. Nicht zu vergessen die auch hierzulande populären Empanadas, knusprige Maismehltaschen mit einer süßlichen Fleisch- oder Haifischfüllung – auch sie zählten zu meinen Favoriten.

Ein paar Köstlichkeiten brachten im wörtlichen Sinne mein Weltbild durcheinander, weil ich sie in Südamerika nicht vermutet hätte. Dazu gehörten zum Beispiel die Avocados, die weiter im Süden Amerikas ihren Ursprung haben und dort auch als »Mantequilla de Selva« (»Waldbutter«) bezeichnet werden. Sie sind Bestandteil vieler köstlicher Vorspeisen, zum Beispiel den »aguacate con camarones y salsa rosada«, auf Deutsch: Avocado mit Garnelen und Cocktailsoße. Dazu muss man wissen, dass die einheimischen Avocados nicht etwa vornehme kleine Früchtchen sind, die unkultivierten Ursorten werden vielmehr fast so groß wie Wassermelonen und bringen ein Gewicht von bis zu zwei Kilogramm pro Stück auf die Waage.

13 Kilogramm schwere Langusten

Wohl am meisten haben mich aber die Langostas von Los Roques beeindruckt, die nur drei Monate im Jahr gefangen werden dürfen. Erstaunlicherweise erkannten die Venezolaner den Wert dieser empfindlichen Lebewesen und hielten sich tatsächlich an die Schonzeit. Wir haben diese Langusten tonnenweise, jeweils in 40 Kilogramm schweren Säcken, geliefert bekommen und tiefgefroren, damit sie auch während der fangfreien neun Monate auf der Speisekarte stehen konnten. Manche dieser Tiere erreichten eine unglaubliche Größe, ich erinnere mich an ein Exemplar, das 13 Kilogramm wog und dessen Schwanz meine Schuhe berührte, während ich es an den Antennen hochhielt. Wir machten daraus meistens die »Langosta chacopatta«, ein Nationalgericht, bei dem das zarte Aroma der Meeresfrüchte durch feinsten Rum ergänzt wird, was zusammen einen fast mystischen Geschmack ergibt.

Hierzulande gelten in erster Linie die Argentinier und Brasilianer als große Fleischspezialisten, ich habe aber auch in Venezuela viel Neues über Fleisch und Grillen gelernt. Im Land der Indios wird so ziemlich alles, sogar der Tafelspitz, auf den Grill gelegt. Will man sich am Fleisch richtig satt essen, dann gibt es eine Parrillada, eine Parade feinster Stücke von Rind, Schwein, Lamm oder Ziege. Dazu kommen manche Spezialitäten, an die man sich erst gewöhnen muss, zum Beispiel der gut gereinigte und geflochtene Schweinekranzdarm. Anfangs stand ich ihm etwas reserviert gegenüber, aber bei der Überlegung, dass ja auch bei uns Pfälzer Saumagen, Blunsen und sogar der Schafsdarm als Hülle für die Frankfurter Würstchen verzehrt werden, verlor er seinen Schrecken.

Als Beilage zu den Fleischgerichten gibt es oft gekochte oder gegrillte Yucca-Wurzel, die vorher geschält und ganz heiß mit einer Vinaigrette überschüttet wird – ein pures Geschmacksvergnügen!

Eine Küchentechnik, die sich heute in Deutschland fast als Standard etabliert hat, war in Caracas für mich eine ganz neue Erfahrung: das Garen bei Niedrigtemperatur. Ich weiß noch, wie ich zum ersten Mal erlebte, dass eine ganze Rinderkeule bei 85 °C zehn Stunden im Ofen verblieb und anschließend ein butterzartes Fleisch abgab.

Noch heute bin ich gerade im Bezug auf das Fleisch unendlich dankbar für all das, was ich in Venezuela gelernt habe. Schon das Basiswissen, wie Rinder auf der Weide oder im Stall gehalten werden, wie die Fütterung mit Gras, Heu oder siliertem Mais später den Geschmack beeinflusst und was die Unterschiede zum Beispiel zwischen einem Black Angus und einem Milchzuchtrind wie Simmentaler oder friesischem Schwarz-Weiß-Fleckvieh ausmacht, sollte zu den Grundlektionen jedes Jungkochs gehören. Ich bedaure sehr, dass diese Kenntnisse, die letztlich auch zu einem Qualitätsbewusstsein führen, heute mehr und mehr verkümmern. Dafür lernen die Kocheleven, wie man fachgerecht entsprechend der EU-Hygieneverordnung (HACCP) einen Vakuumbeutel aufreißt – verkehrte Welt!

Eine andere nicht alltägliche Fähigkeit habe ich mir in Caracas, der Not gehorchend, »learning by doing« angeeignet. Banketts mit 800 Personen waren in unserem Haus keine Seltenheit, und ich trug für solche Großveranstaltungen immer wieder einmal küchentechnisch die volle Verantwortung. Etwa drei Wochen nach meiner Ankunft kam Frank Müller zu mir und wies mich mit größter Selbstverständlichkeit an, für ein solches Riesenbüffet drei monumentale Eisplastiken, jede mit einem Gewicht von 150 bis 200 Kilogramm, herzustellen. Ich kannte solche Plastiken von Bahrain – allerdings hatten wir dort riesige Formen, die einfach mit Wasser gefüllt und dann tiefgefroren wurden. Ansonsten beschränkten sich meine Kenntnisse der Herstellung von Deco-Plastiken auf kleine Butterfiguren.

Gott sei Dank ließ mir Müller freie Wahl bei den Motiven, und ich ging mutig ans Werk. Tatsächlich entstanden halbwegs ansehnliche Schwäne und Fische, die nicht nur das Büffet schmückten, sondern auch mein Ansehen innerhalb der Küchenmannschaft ein ganzes Stück nach oben schnellen ließen.

Die Fähigkeit, aus riesigen Eisblöcken Plastiken zu schaffen, die das Büfett schmückten, brachte mir viel Anerkennung ein.

Die Massenveranstaltungen, die so häufig in unserem Hotel stattfanden, waren nicht nur wegen ihrer Größe Neuland für mich, ich musste auch viel über die Reaktionen des einheimischen Publikums lernen. So konnte ich es kaum glauben, wie vor allem die Damenwelt bei einer Dinner-Show von Julio Iglesias total ausflippte und Ladys jeden Alters als Zeichen ihrer Begeisterung bei den letzten Zugaben ihre Höschen auf die Bühne warfen.

Bei meinen Auftritten im Bayern-Look flog leider keine Damenwäsche auf die Bühne ...
»El Gordo« Frank Müller (li.) scheint dem Ausschnitt der Dame weitaus größere Beachtung zu schenken als meiner Gesangsdarbietung.

Ähnlich groß war das Engagement bei einer nationalen Miss-Wahl, allerdings ging es dabei ganz und gar nicht fröhlich, sondern bierernst zu. Als die damals amtierende Miss Venezuela auf die Bühne kam, stolperte sie und schoss in die Zuschauermenge. Ich war der Einzige, der darüber lachte – und verließ anschließend fluchtartig den Saal, weil die Menge kurz davor war, mich zu lynchen.

Blickstarre aufs Dekolleté

Erstaunlicherweise zeigte sich Frank Müller, der in der Küche alles eisern im Griff hatte, in Sachen Öffentlichkeitsarbeit eher zurückhaltend. Als ihm einige Live-Fernsehsendungen über das Kochen in Kooperation mit der ehemaligen Miss Universum Judith Castillo angeboten wurden, kniff er und fragte mich, ob ich den Job an seiner Stelle machen wolle. Natürlich sagte ich zu, traf dann auf der Bühne erstmals mit der Schönheitskönigin zusammen und war so beeindruckt von ihrem offenherzigen Dekolleté, dass ich den Blick gar nicht mehr abwenden konnte. So bemerkte ich auch nicht, dass die Kamera bereits lief, und erst ein Fingerschnippen des Assistenten weckte mich aus meinem Schockzustand. Eiligst begann ich daraufhin, dem eigentlichen Zweck meines Auftritts gerecht zu werden, und bereitete einen gefüllten Fischflan mit Langusten-Salpicon zu.

Auch das vielfältige Nachtleben von Caracas ging nicht spurlos an mir vorüber. Vieles von dem, was ich dort sah, war jedoch billigste Abzocke. Mein Chef Müller brachte mich in den »Palacio Imperial«, eine Art Las-Vegas-Bühne für Arme. Die Mädels tranken ein Champagner-Imitat, auf dem »Chandon« als Marke stand, aber es war irgendein Fusel. Das schadete allerdings nicht viel, denn wenn der Herr kurz zur Toilette ging, wurde die Hälfte unter den Tisch geschüttet, um den Umsatz zu steigern.

In diesem schauerlichen Etablissement mit schlechten Gesangs-, Playback- und Show-Nummern ließ es sich Müller nicht nehmen, mir »La Bomba« vorzustellen, eine 23-jährige Dame aus Santo Domingo, die diesem Künstlernamen absolut gerecht wurde. Sie war 1,95 Meter groß und nach meiner Schätzung etwa 110 Kilogramm schwer. Für Müller war es der größte Spaß, sie auf meinem Schoß zu platzieren, wobei sie meinen Kopf zwischen ihren »Tetas«, zwei zu Brüsten mutierten Wassermelonen, versenkte, wo ich fast erstickte.

Durch meine eigene Unachtsamkeit kam ich mit einem der größten Tabuthemen in Berührung, vor denen mich »El Gordo« schon am ersten Tag gewarnt hatte: Ich ließ mich auf der Hauptstraße von Caracas, der Avenida Libertador, mit zwei Transvestiten ein, die dort als Straßenstricherinnen ihrem zwielichtigen Geschäft nachgingen. Die »Transen« galten in der ganzen Stadt als gefährliche Gangster, bisweilen sogar als Mörder, die nichts zu verlieren hatten.

Es war gegen ein Uhr morgens, als ich mit meinem Auto unterwegs war, gegen jeden Rat an einer roten Ampel anhielt und dabei nicht einmal die Türknöpfe verriegelt hatte. Wie aus dem Nichts sprangen die beiden in mein Fahrzeug und forderten mich unmissverständlich auf, loszufahren, da sie angeblich von der Polizei verfolgt würden. Ich wusste um ihren Ruf und war in Todesangst. Im Rückspiegel meines Autos sah ich einen Kastenwagen der DISIP, einer Spezialeinheit der Polizei, die sich speziell den Auswüchsen des

Nachtlebens widmete. Um meine Mitfahrer für mich einzunehmen, schimpfte ich lauthals auf die Polizisten und fuhr gleichzeitig in Richtung »Hilton Hotel«. Dabei erklärte ich, dass man sich im angrenzenden Parque Los Caobos besonders gut verstecken könne. Meine fürsorgliche Art, verbunden mit dem energischen Unterton, muss die beiden so eingenommen haben, dass sie meinem Vorschlag widerspruchslos folgten. Im Park verließen sie auf mein Geheiß hin das Auto, um sich zu verstecken, ich zitterte am ganzen Körper und gab Gas. Wenige Minuten später war ich zu Hause und in Sicherheit, und nie wieder bin ich in Caracas nachts an einer roten Ampel stehen geblieben.

Meinem Freund Ferdinand, einem abgeheuerten Schiffskoch, der dem Charme der Venezolanerinnen verfallen war, ging es viel schlechter. Er war vom Bäcker zum Koch konvertiert und arbeitete damals als Küchenchef im französischen Restaurant »Belle Epoque«. Ferdinand war eigentlich glücklich verheiratet mit einer Indio-Künstlerin, deren Bilder niemand verstand oder kaufen wollte, aber er hatte einen gewaltigen Verschleiß an Mädels, die er bei jeder sich bietenden Gelegenheit leichtsinnigerweise mit nach Hause nahm. Einmal machte er dabei den Kardinalfehler, das Mädchen am nächsten Morgen, als er immer noch stark alkoholisiert zur Arbeit musste, im Bett liegen zu lassen, damit sie sich ausschlafen konnte. Als er am Abend zurückkam, war alles, aber auch wirklich alles, aus seiner Wohnung gestohlen worden. Nicht einmal das Licht konnte er anschalten, denn auch die Glühbirnen fehlten, Gleiches galt für Klopapier, Möbel, Bett und Kücheneinrichtung.

Warum die Piranhas sterben mussten

Ferdinand nahm es gelassen, richtete sich neu ein und kaufte zum Schutz der letzten Schmuckstücke, die ihm geblieben waren, ein Aquarium mit Piranhas, in dem er das Kistchen mit den Pretiosen versenkte. Leider kam er kurz darauf auf die schlechte Idee, seine Kumpel einzuladen, um ihnen vorzuführen, wie sein Papagei den Whisky schon am frühen Morgen aus einem Eiswürfel schlürfen konnte. Die Kochkollegen zeigten sich davon so beeindruckt, dass sie sofort zusammen mit dem Papagei ein Riesenbesäufnis veranstalteten und anschließend gemeinsam in das Becken urinierten, was ein tragisches Ende für die Piranhas bedeutete.

Andere mochten sich mit solchen Spielchen die Karriere ruinieren, ich dagegen fiel immer wieder auf die Füße und erlebte die abenteuerlichsten Geschichten. Eines Tages fragte mich Müller, ob ich einmal Learjet fliegen wolle. Ich sollte eine Gruppe von VIPs bei ihrem Ausflug nach Canaima zum Salto Ángel, dem höchsten Wasserfall der Welt, mitten im Urwald betreuen. Natürlich freute ich mich darüber und machte mich voller Eifer an die Organisation des Dschungel-Barbecues. Eine Woche später saß ich in dem kleinen Privatjet und flog mit drei Musikern sowie unserem Bankettkellner 900 Kilometer weit ins Orinoko-Gebiet, wo die Waika-Indianer zu Hause waren, um dort, nach vierstündiger Anreise, meine Grills und Büffets aufzubauen. Dafür hatte ich genügend Zeit, denn erst weitere vier Stunden später sollte die Boeing mit meinen Gästen landen.

Mir wurde es etwas mulmig, als ich aus dem Urwald immer wieder menschliche Laute hörte, die sich etwa wie »Ali, Ali, Ali« anhörten. Ab und zu sah man einen der kleinwüchsigen Indios, die sich hinter den Bäumen versteckten und uns ganz und gar nicht freundlich beobachteten. »Alles, nur nicht einen Blasrohrpfeil in die Rückseite«, schoss es mir durch den Kopf, und ich fragte Rudi, unseren holländischen Camp-Leiter mit dem Spitznamen »Dschungel-Rudi«, ob die Winzlinge gefährlich seien. Rudis Antwort beruhigte mich nicht sehr. »Eigentlich nicht«, meinte er, »aber es ist besser, man provoziert sie nicht und vermeidet jede körperliche Berührung. Seit sie Kontakt mit der Zivilisation bekommen haben, sind sie ziemlich gestört…«

Dann schwebte die Boeing ein, eine fliegerische Meisterleistung, denn die Piste war für den großen Flieger eigentlich viel zu kurz. Die VIPs, darunter der Vizepräsident der »Hilton International Company«, Charlie Bell, waren begeistert von der Location. »Zieht euch aus, wir gehen ins Wasser«, forderte der Topmanager die Gäste auf, fragte kurz bei Dschungel-Rudi nach, ob es dort Anakondas oder Kaimane gäbe, und schmiss sich dann als Erster in die lehmgelbe Flut.

Als alle das Bad heil überstanden hatten, kamen sie zu uns ans Büfett. Dort wäre es beinahe zu einem Eklat gekommen, denn mein

Oberkörper war wegen der Hitze und der Arbeit am Grill entblößt, weshalb Charlie Bell einen Anhänger an meiner Halskette entdeckte, den mir eine Freundin in Singapur als chinesischen Glücksbringer geschenkt hatte. Er sah aus wie ein umgedrehtes Hakenkreuz, hatte aber nichts mit der deutschen Geschichte zu tun. Mit drohendem Unterton fragte mich der jüdische Vizepräsident, ob ich dieser »Company« angehören würde. Ich erklärte ihm wortreich, dass ich nichts damit am Hut hätte und das Symbol aus ganz anderen Gründen trüge. Er war mit der Erklärung zufrieden, klopfte mir auf die Schulter und ermahnte mich lediglich, darauf zu achten, dass ich es immer richtig herum trage.

Eine Schlange beendet die Party

Die Indios beobachteten uns weiter mit Interesse, als die Party langsam ihren Höhepunkt erreichte und viele der Gäste zu den Latino-Rhythmen zu tanzen begonnen hatten. Offensichtlich meinten sie es doch nicht so schlecht mit uns, denn plötzlich sprang eine Frau hinter dem Baum hervor, lief zwischen die barfüßigen Tänzer und holte eine etwa 60 Zentimeter lange Schlange aus dem Sand. Es folgte hysterisches Geschrei, die gute Stimmung war wie weggeblasen, und eine halbe Stunde später setzte die Boeing wieder zum Rückflug an.

Wir hatten nun Zeit, denn unser kleiner Flieger wartete, bis alles abgeräumt war. Ich begann, Kronkorken, Untersetzer, Pappbecher, Serviettenringe und alle möglichen weiteren Hinterlassenschaften zusammenzutragen, um damit nicht den Urwald zu verschmutzen. Rudi sah mir eine Zeit lang zu und stoppte dann mein Bemühen. Er wies uns an, alles auf einen großen Haufen zu legen und uns circa 30 Meter zu entfernen. Dann gab er mit der Hand ein Zeichen, und schon stürmten die Indios auf den Platz und nahmen alles, was sie dort finden konnten, in unglaublicher Geschwindigkeit an sich. Wir hatten auch der Umwelt gegenüber unsere Pflicht getan und konnten zufrieden in den Learjet steigen, der uns zurück nach Caracas brachte, während ich zum Dank an die Mannschaft auf der Gitarre ein paar alpenländische Stücke spielte und mir dazu einen feinen Whisky gönnte.

Dschungel-Rudi war schon eine Erfahrung für sich, aber es gab noch viel mehr skurrile Gestalten aus der ganzen Welt, die durch seltsame Zufälle in dieses Land gespült worden waren und, jeder auf seine Art, hier ein Zuhause fanden.

So lernte ich am Rande eines Ranchos, eines der Elendsviertel, eine jüdische Familie kennen, die vor den Nazis hierher geflohen war und ein seltsames Kunstgewerbegeschäft betrieb. Schon in Deutschland hatte mir ein Bekannter diese Adresse empfohlen, wenn ich den Wunsch hätte, mir Indio-Waffen zu kaufen. Die beiden Söhne des betagten Ehepaars waren selbst schon um die 40 Jahre alt und erkennbar auf Drogen. Der eine von ihnen fuhr regelmäßig mit einem Geländemotorrad zu den Eingeborenen und tauschte deren Waffen und Drogenbestecke gegen einfachste Gegenstände wie Spiegel und anderes Glitzerwerk, für das sich die Indios begeisterten. Der andere nannte sich Künstler und goss lebende Kleintiere in Kunstharzblöcke. Ich erstand bei ihnen ein Blasrohr, Pfeil und Bogen und eine Drogenpfeife aus Affenknochen. Es gruselte mich in dem Laden, ich bezahlte eilig und verabschiedete mich auf Nimmerwiedersehen.

Nicht weniger skurril war Werner Ackermann, ein deutschstämmiger Venezolaner, dessen Haut so braun war wie der Orinoko selbst, nachdem er sechs Jahre lang im Hinterland den Schlamm der Flüsse nach Diamanten durchsucht hatte. Sein Hobby war das Schnorchel-Tieftauchen. Einmal gelang ihm in dieser Disziplin sogar ein Weltrekord, er schaffte etwa 90 Meter Tiefe. Ackermann wiederum kannte »El Apache«, eine Rothaut aus den USA und damals eine Legende in Venezuela. Der Indianer hatte sich ganz der Zivilisation entzogen, war mit seiner Frau in den Dschungel gegangen und wollte beweisen, dass er wie die Ureinwohner ohne Einfluss vom Rest der Welt überleben konnte. Nachdem er das sechs Jahre lang geschafft hatte, war sein Körper, so erzählte man sich, immun gegen viele Schlangengifte und sein Gehör und Geruchssinn so sensibel wie der eines Tieres. Mit diesen Eigenschaften kam er meinem Jugendhelden Tarzan schon ziemlich nah.

Eine nicht weniger beeindruckende Gestalt, die mir El Gordo im »Hotel Grillon« vorstellte, war Jean Jenaff, ein Schüler von Salvador Dali. Dieser Verrückte hatte sich in den Kopf gesetzt, im Urwald von Venezuela ein Gegenstück zur Christus-Statue von Rio de Janeiro zu bauen, eine riesige Marienstatue, die »Virgin de la Paz«. Ob er jemals damit fertig geworden ist, oder ob heute nur noch ein paar überwachsene Steine im Dschungel von seinem ehrgeizigen Vorhaben zeugen, entzieht sich meiner Kenntnis.

Zu den Exoten, die ich kennenlernte, gehörten auch die Bewohner der »Colonia Tovar« etwa 60 Kilometer von Caracas, die eine abenteuerliche Geschichte haben. Ihre Vorfahren waren Schwarzwälder aus dem Kaiserstuhl, die vor über 160 Jahren mit einem französischen Schiff von Le Havre kommend in Venezuela gelandet waren. Überliefert ist, dass insgesamt 374 Siedler an Bord waren, ein Drittel von ihnen Kinder, 16 Menschen starben während der Überfahrt. Der damalige Machthaber des Landes verweigerte ihnen den Zutritt in bewohntes Gebiet und verhängte eine 40-tägige Pocken-Quarantäne. Um irgendwo unterzukommen, zogen sie zwei Buchten weiter und dann in eine höhere Region, wo das Klima dem entsprach, wie sie es von zu Hause gewohnt waren. Sie durften dort bleiben, es war ihnen aber verboten, das Areal zu verlassen. So begannen sie, die Bergflächen der Anden-Ausläufer zu bewirtschaften, sie lebten lange Zeit fast ohne Kontakt nach draußen (die Inzucht über viele Jahre hat im Dorf ihre Spuren hinterlassen), und sie behielten ihren Schwarzwälder Dialekt, den man heute noch hören kann – für Sprachwissenschaftler sicher ein Eldorado!

Wer dort auf den kleinen Dorfplatz kommt, fühlt sich wie im Kuckucksuhrenland. Das beste und größte Hotel am Ort gehört einem Hessen, der sich dort in den frühen 1960er-Jahren als Koch beworben hatte und das Haus später übernahm. Sein Name ist Wolfgang Guttmann, und er schaffte es, zusammen mit seiner Frau Renata, aus dem »Selva Negra« fast eine Pilgerstätte zu machen. Nicht nur Deutsche, sondern Touristen aus aller Welt besuchen während ihrer Reise durch Venezuela dieses ungewöhnliche Haus, in dem immer noch Schwarzwälder Gastlichkeit gepflegt wird. Heute hat Guttmanns Adoptivsohn Ronny das Zepter in der Hand, der sich durch die besten Küchen Europas arbeitete und dabei irgendwann auch die Freundschaft von Frank Müller errang.

Ein Pilot als reitende Jungfrau

Nicht ohne Stolz kann ich sagen, dass eine der schönsten Partys, die dort stattgefunden haben, das Fest zu meinem Abschied war. Wolfgang animierte einen verrückten Piloten, der aus dem Allgäu kam, als Jungfrau verkleidet mit blondem, lockigem Haar, auf einem richtigen echten Pferd in die Bar einzureiten, um mich hoch zu Ross aus der mittelamerikanischen Welt hinauszubefördern. Der Hotelier hatte jede Menge leichte Mädchen ins Hotel geholt, die in den Suiten warteten, um die männlichen Gäste zu verwöhnen. Die meisten Herren waren mit Ehefrau oder Freundin da, verabschiedeten sich dann für ein Weilchen mit der Ausrede, sie wollten einen kurzen Ausritt unternehmen.

Natürlich wurde auch kulinarisch alles aufgeboten, was das Land hergab, und das war in der Colonia weit mehr als in anderen Gegenden. Nach guter deutscher Tradition wurden dort Obst und Gemüse angebaut, darunter Kohlrabi, Spargel, Erdbeeren und Blaukraut. Und ich lernte den einknolligen Knoblauch kennen, der in seiner Würze und seinem Aroma unserem Knoblauch in nichts nachsteht.

Landschaftlich war Venezuela großartig, aber ich habe dort auch viele Schattenseiten kennengelernt und wollte ungeachtet aller Karrieremöglichkeiten schon bald wieder weg.

Zum Abschluss eines jeden Essens gab es selbstverständlich Kaffee. Der Maronsito entspricht dem, was bei uns der Espresso ist, ich bin mir aber sicher, dass sein Aroma etwa drei- bis viermal so stark ist. Venezuela bleibt für mich das Land des Kaffees, und ungeachtet aller Freuden, die ich bald darauf in Asien genoss, wird in mir beim Gedanken daran immer ein bisschen Heimweh wach.

In Caracas lockte ein überaus attraktives Angebot: Ich hätte als Chef die Gastronomie des prominenten Golfclubs übernehmen können. Aber eigentümlicherweise reizte mich diese Aussicht überhaupt nicht. Denn ich war mir sicher, dass ich in Venezuela langfristig nicht glücklich werden könnte. Heute weiß ich erst, wie richtig diese Erkenntnis war.

Ich hatte schon viel über Bangkok gehört und erhielt die neuesten Informationen, als in unserem Hotel eine Tagung der Food & Beverage Manager von »Hilton« aus der ganzen Welt stattfand. Es gab in der thailändischen Hauptstadt ein neues Haus der Gruppe mit einem japanischen Küchenchef, sechs Franzosen und einer Brigade von 140 Mann. Natürlich musste ich mit Frank Müller in den »Saufstall«, aber nach dem Abend war mein Transfer klar. In den letzten Wochen kostete ich noch einmal gründlich die Schönheiten des Landes aus, schließlich packte ich meine Koffer und schenkte zum Abschluss das geliebte Auto meiner größten Passion, der heißblütigen Mestizin. Sie war ehrlich traurig über meinen Abschied, kam mit diesem Geschenk aber schnell darüber hinweg.

Am Flughafen ergab sich eine kurze Verzögerung, weil mein Blasrohr nicht mit an Bord durfte, aber ein kleines Trinkgeld an die Kontrolleure löste das Problem – der 11. September und die darauffolgende Hysterie in Sachen Sicherheit lagen noch in weiter Zukunft. Ich flog zunächst nach Deutschland, wo es in den wenigen Tagen meines Aufenthalts diesmal gottlob keine Probleme mit der Bundeswehr gab, und stieg dann, von meiner Mutter tränenreich verabschiedet, in den Flieger nach Bangkok.

Table Dance und Chilischoten

Als Executive Souschef in Bangkok

Eine eigenartige Mischung aus Neugier, Vorfreude und auch etwas Nervosität begleitete diesen Wechsel, der mich erstmals auf Dauer weit über die europäischen Grenzen hinaus führen sollte. Am Flughafen in Bangkok erwartete mich eine Hotellimousine: ein schwerer dunkelblauer Mercedes, dessen Fahrer eine blütenweiße Uniform und eine Schirmmütze trug. So etwas kannte ich bisher nur aus Erzählungen vom legendären »Hotel Oriental«, das in Bangkok als Maß aller Dinge galt. Es dämmerte mir, dass unser Haus dem wohl in keiner Weise nachstehen würde, und so war ich mächtig eingeschüchtert, als ich zu ihm ins Auto stieg.

Der Eindruck verstärkte sich noch, sobald ich das Haus in Augenschein nahm. Empfangen wurde ich von Jean Pierre Mainardi, den ich seit meiner Brüsseler Zeit kannte, wo er den Posten des Food & Beverage Managers innegehabt hatte. Dann wurde ich dem Generaldirektor des Hauses, Monsieur Mahillon, vorgestellt, der mir eröffnete, dass ich erst einmal im Hotel wohnen müsse, bis ein Apartment für mich gefunden sei. Beim anschließenden Rundgang unter Mainardis Führung gab es viel zu staunen: Das Haus lag in einer für die dicht bebaute Hauptstadt riesigen Gartenanlage. Es gab einen Seitentrakt, wo Künstler für das Hotel arbeiteten, und sogar eine eigene Druckerei.

Während ich diese ersten Eindrücke sammelte, machte mich Mainardi mit ein paar Grundsätzen vertraut. Im Haus herrschte eine strenge Hierarchie. An oberster Stelle und mit höchster Autorität rangierte Frau Khun Ying, der, zusammen mit ihrem Ehemann und den

Unser »Bangkok Hilton« stand dem legendären »Oriental« in nichts nach.

beiden Töchtern, das Hotel gehörte. Eigentlich arbeitete das gesamte Personal hier nicht für »Hilton«, sondern für diese einflussreiche Familie.

An zweiter Stelle wäre für mich der japanische Küchenchef gefolgt, aber der war zum Zeitpunkt meiner Ankunft in Urlaub. Aber auch ohne ihn war die Küche beeindruckend genug. Die Brigade umfasste 150 Personen, und es gab sogar eine eigene Sekretärin: Dolly, Chinesin und Tochter des größten Juweliers von Bangkok. »Chef Peter, you care for coffee?«, fragte sie mich nach dem ersten einleitenden Small Talk. Ein guter Teil der Küchenmannschaft hatte ihre Frage gehört, und damit stand mein Titel für die ganzen Jahre meines Aufenthalts fest: »Chef Peter«, was sich im Englischen mit dem Akzent der Thais etwa anhört wie »Tschääf Piita« – es klingt mir heute noch in den Ohren.

Unter mir rangierten Khun Vi Boon, ein groß gewachsener Thai-Chinese mit eunuchenhafter Stimme, und als Souschef Martin Gerber, ein ruhiger, sehr zuverlässiger Schweizer aus Bern, der dem Vorurteil, dass die Menschen dieser Gegend äußerst bedächtig wären, durchaus alle Ehre machte. Dazu gab es eine französische »Mimosenbrigade«, angeführt von Jean François Langevin, dem Chef-Pâtissier, der mir sofort auf die Nase binden musste, dass er Inhaber des französischen Titels »Meilleur Ouvrier« war, und Monsieur Le Petitcorps, der den mit »Herr Kleinkörper« zu übersetzenden Namen zu Recht trug. Von beachtlicher Größe war bei ihm nur die typisch französische Nase.

Natürlich versuchte ich bei der Vorstellungsrunde, in der Führungsriege einen freundlich-verbindlichen Eindruck zu machen, aber ich wurde das Gefühl nicht los, dass man mir sehr distanziert begegnete. Sogar die Thais, die ich auf meinen Reisen bis dahin immer als fröhlich und sehr offen empfunden hatte, wirkten zurückhaltend. Verstärkt wurde der Eindruck noch, als ich zu Khun Laddaval geschickt wurde, der zweiten Chefbuchhalterin und, wie jeder wusste, Finanzspionin der Besitzerfamilie, um meine Personalien anzugeben. Sie begrüßte mich mit einem mehr als geringschätzigen »Again another Farang. Let's see for how long you will last …«, übersetzt etwa: »Schon wieder so eine Langnase. Schauen wir mal, wie lange du bleibst …«

> Von meiner späteren Sekretärin Dolly erhielt ich meinen Thai-Spitznamen »Chef Peter«, was sich in Thai-Englisch etwa anhörte wie »Tschääf Piita«.

Krieg zwischen Franzosen und Japanern

Auch die erste Aufgabe, die ich bekam, ließ nichts Gutes erahnen: Ich sollte die Speisekarte unseres großen »All Day Dining«-Restaurants überarbeiten. Normalerweise, so wusste ich aus Erfahrung, lässt sich ein Küchenchef so etwas nicht aus der Hand nehmen. Unserer war nicht nur gerade im Urlaub, sondern auch noch Japaner, und das bedeutete nach meiner Erfahrung: besonders stolz und besonders empfindlich, wenn ihm ein Jüngerer das Zepter aus der Hand nimmt. Als ich daher vorsichtig nachfragte, ob diese Aufgabenteilung mit ihm abgesprochen sei, hieß es halbherzig: »Yes, yes, go ahead!« – für mich war damit von vornherein klar, dass dort in der Küche ein Krieg zwischen Franzosen und Japanern herrschte und man mich, den neuen, unerfahrenen Deutschen, nur zu gerne zwischen die Fronten stellte.

So lästig ich die Grabenkämpfe in der Spitzenmannschaft fand, so abstoßend war für mich die Hierarchie weiter unten, sie erinnerte mich an das indische Kastensystem. An letzter Stelle rangierten die Küchenhelfer, die zwar bisweilen etwas naiv, aber fröhlich, unkompliziert und immer extrem kameradschaftlich waren. Es leuchtete mir zwar ein, dass sie mit einer gewissen Härte geführt werden mussten. Aber darum ging es nicht, sondern um einen mir gänzlich unverständlichen Standesdünkel: Eine Restaurantkassiererin oder ein anderes im Rang darüberstehendes Crewmitglied weigerte sich strikt, sich mit diesen Leuten an einen Tisch zu setzen – man war ja was Besseres! Ich habe das nie verstanden und mich nach Kräften dagegen zur Wehr gesetzt, denn Thais, das ist eine vielfach belegte Erfahrung von mir, sind wunderbare Menschen.

Ich profitierte (und profitiere bis heute) immer wieder von ihnen. Ihr Lächeln hat mir auch in schwierigen Situationen oft Kraft gegeben – und umso bereitwilliger habe ich mein Wissen mit ihnen geteilt. Sie haben ein einmaliges Gespür für das Filigrane beim Zubereiten von Speisen. Die Art, wie sie Obst und Gemüse zur kunstvollen Tisch- und Speisendekoration verwenden, ist weltweit einmalig. Die Kellner dort empfinden sich als Diener, denen die Zufriedenheit des Gastes das höchste Gut ist. Und in Bangkok, davon bin ich überzeugt, herrscht die größte kulinarische Vielfalt auf unserem Planeten.

Das Erstaunlichste daran: Dieser Luxus muss noch nicht einmal teuer sein. Zwar sind viele der Künstler, die mit ihren Garküchen auf der Straße arbeiteten und ihren Gästen das phantastische Essen mit dem Ambiente von Blechhockern und Plastikschüsselchen offerieren mussten, inzwischen abgeworben worden und arbeiten in den kaum weniger gut bestückten Food Courts der großen Shopping Malls, aber immer noch kann man – speziell auf dem Lande – erstklassige Spezialitäten am Straßenrand für ein paar Cent genießen.

Das Einzige, woran ich mich zunächst einmal gewöhnen musste, war dieser schrecklich intensive Geruch nach Rauch, Abgasen,

Gai Hor Bai Toey

Pandanus-Hühnchen für vier Personen

Das braucht man

600 g Hühnerschenkel oder Brustfilet
20 Stück Pandanusblätter (im Asia-Fachhandel erhältlich)
3 EL dunkle, süße Thai-Sojasoße
2 EL helle Thai-Sojasoße
2 EL Austernsoße
1 TL Zucker
4 TL Sesamöl
einige Korianderblätter
3 Knoblauchzehen
3 EL Zuckersirup
2 EL weißen Thai-Essig
1 TL gerösteten Sesam
Pflanzenöl zum Frittieren

So wird's gemacht

▶ Die Knoblauchzehen und den Koriander fein hacken, zusammen mit einem EL dunkler, süßer Sojasoße, der hellen Thai-Sojasoße, der Austernsoße, dem Zucker und zwei TL Sesamöl zu einer Marinade verrühren. Das Hühnerfleisch in etwa gulaschgroße Stücke schneiden und ca. zwei Stunden darin marinieren.

▶ Die Endstücke der Pandanusblätter schräg abschneiden, die Hähnchenteile mit den Blättern umwickeln und diese so ineinander verschlingen, dass sie fest am Fleisch anliegen. Das so vorbereitete Fleisch in Pflanzenöl bei ca. 160° für fünf Minuten frittieren. Die ausgebackenen Teile auf Küchenkrepp auslegen, um das überschüssige Fett abzugeben.

▶ Aus dem Thai-Essig, dem Zuckersirup, der restlichen süßen Thai-Sojasoße, dem gerösteten Sesam und dem restlichen Sesamöl einen Dip anrühren.

Profitipps

Eine schmackhafte Beilage zu diesem Gericht ist eingelegter Ingwer, wie er auch zu Sushi serviert wird.

Das Hühnchen lässt sich hübsch mit Lollo-Verde-Salatblättern anrichten, ganze kleine rote Thai-Kinu-Chilischoten setzen einen exotischen Farbakzent.

modrigem Klong-Wasser und den blauen Schwaden, die Mopeds und Tuk Tuks mit ihren Zweitaktmotoren hinter sich herziehen.

Am zweiten Abend fragte mich Martin, der bedächtige Schweizer, ob wir noch ein Bierchen miteinander trinken wollten. Natürlich wollte ich, denn Martin war mir mit seinen Erfahrungen im legendären Nachtleben von Bangkok ein paar Wochen voraus und kannte schon die Souschefs diverser Hotels, die sich alle im »Superstar«, einer Disco in der berühmten Patpong Road, trafen.

Dort sah es damals noch völlig anders aus als heute. Die unendlichen fliegenden Stände, wo falsche Rolex-Uhren, T-Shirts, Modeschmuck, Gürtel, Gepäck und viele andere Imitate teurer Markenprodukte verkauft werden, gab es zu der Zeit so gut wie überhaupt nicht. Dafür stand auf einer Länge von 150 Metern eine Bar neben der anderen, und es arbeiteten dort etwa 4000 Mädchen. Zogen Touristen vorbei, so versuchten sie mit lautem Gekreische, auf sich aufmerksam zu machen, und hielten ihnen Tafeln entgegen, auf denen die äußerst günstigen Preise für Bier, Whisky und andere Spirituosen aufgelistet waren.

Liveshows für Hartgesottene

Was sich dann im Inneren abspielte, nannte sich zwar einheitlich »Go Go«, konnte aber ganz unterschiedlich aussehen. Die harmloseste Variante war Table Dance: In einfachen Bikinis und High Heels tanzten die Mädchen auf dem Bartresen und hielten sich dabei an Stangen fest, um die Verrenkungen aufzuführen, die den lüsternen Gästen die interessantesten Einblicke verschafften. Wer mehr auf Hardcore stand, suchte sich eine der Live-Fucking-Shows, in denen die Gäste genau das zu sehen bekamen, was der Name versprach. Und für die ganz Hartgesottenen gab es Pussy-Shows, in denen Damen lächelnd und unter dem Gejohle der Gäste die abenteuerlichsten Dinge vorführten, die man mit den weiblichen Geschlechtsteilen veranstalten kann. Dass es daneben noch Blowjob-Bars und andere Etablissements gab, in denen die angeheizten Touristen dann auf jede erdenkliche Art Befriedigung suchen konnten, sei hier nur der Vollständigkeit halber erwähnt.

Im »Superstar« hatten sich bereits ein paar Kollegen eingefunden, ich wurde den beiden Souschefs vom »Oriental« vorgestellt: Peter Kaserer, einem Kärntner, der heute immer noch in Bangkok lebt und inzwischen Küchenchef des »Amari Watergate Hotels« ist, und Martin, der inzwischen eine Großgastronomie in Hongkong betreibt.

Es ist immer ein seltsames Ritual, wenn sich Köche begegnen, ein vorsichtiges Abtasten, wer wem das Wasser reichen kann. »Wo kommst du her?«, »Wo hast du schon gearbeitet?«, »Bei welchen Küchenchefs warst du?« – das sind die Fragen, die dann darüber entscheiden, wer die Nase höher halten darf. Ich mag dieses Spielchen generell nicht und hatte als Neuankömmling hier ohnehin die schlechteren Karten. Also ging ich so wenig wie möglich darauf ein und versuchte, die Situation mit bayerischer Fröhlichkeit zu entschärfen. Und dann gelang es mir an diesem Abend sogar noch, einen schwerwiegenden Achtungserfolg zu erringen: Ich lernte in dem Lokal eine große, hübsche Japs kennen (keine Japanerin, sondern eine »Jewish American Princess«), gewann ihr Herz und verließ unter den neidvollen Blicken der Kollegen mit ihr das Lokal. Die Geschichte von dem Neuling, der gleich am ersten Abend eine Schönheit aus Amerika abschleppte, machte, so hörte ich später, unter den Köchen und dem übrigen Hotelpersonal wie ein Lauffeuer die Runde.

Für mich hatte die Affäre leider ein ebenso schnelles wie trauriges Ende. Alles lief zunächst prima, wir nahmen ein Tuk Tuk zum Hotel, und dort zeigte sich wieder einmal, dass die Amerikaner vermutlich die Erfinder des »Quickies« sind: Es gab kein langes Rumgerede, sondern eine äußerst unterhaltsame Stunde mit der jungen Dame. Als wir schließlich voneinander abließen und ich die (damals noch!) übliche »Zigarette danach« rauchte, kam eine Frage von ihr, die in unserer knappen Konversation zuvor ganz untergegangen war: »By the way – where do you come from?«, wollte sie wissen. »From West Germany«, antwortete ich arglos. Da verfinsterte sich ihr Gesicht: » Are you a Naaaazi?« Natürlich verneinte ich die Frage vehement. »And your father – was he a Nazi?« Nein, auch der hatte mit den braunen Machthabern nichts am Hut gehabt. Als braver Soldat war er nach Russland geschickt worden und dort in Gefangenschaft geraten. – Das erklärte ich der Hübschen, aber sie hörte gar nicht mehr zu. »Why do I fuck a Nazi. I can't believe it!«, fauchte sie, rannte aus dem Zimmer und knallte die Tür hinter sich zu. Nachdenklich blieb ich zurück und nippte an meinem Whisky. Ich habe weder meiner Familie noch mir selbst in politischer Hinsicht etwas vorzuwerfen, aber bei manchen Menschen sitzt der Hass so tief, dass man darüber noch nicht einmal sprechen kann.

Schon am nächsten Tag erschien der Personalchef des Hotels und erklärte mir, dass ein Apartment für mich gefunden sei, ich könne es gleich besichtigen. Es lag zwei Minuten vom Hotel entfernt in einer etwas älteren Wohnanlage direkt an einem Klong, einem Stadtkanal des Pratunam-Viertels mit viel Bootsverkehr. »Wie romantisch«, dachte ich, »fast wie in Venedig.« Das stimmte aber nur zum Teil. Denn statt Gondeln waren hier die Longtail-Boote mit 200-PS-Motor unterwegs. Ihr Auspuff ist nur minimal schallgedämpft und ihre Abgasfahne im wahrsten Sinne atemberaubend. Das Klong-Wasser ist eine üble Stinkbrühe, und wir beteten jeden Tag (manchmal vergeblich) darum, dass der Kanal nicht über die Ufer treten würde.

Umso erstaunlicher, dass sich auf und in diesen Klongs immer noch viel Leben abspielt. Während meiner Zeit in Bangkok gab es vier Opfer, die nach dem Genuss der berühmten kalt gegessenen Nudeln Kanom Jeen ihr Leben aushauchten. Der Grund: Die Nudelmacher hatten zur Teigherstellung Klong-Wasser verwendet. Aber das soll kein schlechtes Licht auf die Thais werfen. Die Thai-Küche setzt auf frische Produkte, und von allen Länderküchen dieser Welt steht sie für mich nach wie vor an oberster Stelle. Dass es schwarze Schafe gibt, gehört wie überall dazu.

Otaki kehrt zurück

Zwei Wochen nach meiner Ankunft kam ein Augenblick, auf den ich sehr gespannt gewartet hatte: Otaki, unser Küchenchef, kehrte aus seinem Urlaub zurück. Ich hatte in der Zwischenzeit schon viele Geschichten darüber gehört, wie streng er mit den Thai-Mitarbeitern umgehe und wie vehement er Opposition gegen seinen vorgesetzten Food & Beverage Manager betreibe – all das steigerte meine Neugier, diesen ungewöhnlichen Mann endlich kennenzulernen.

Er war für einen Japaner ungewöhnlich groß gewachsen. Man sah ihm auf den ersten Blick an, dass er sich als Angehöriger einer Herrscherrasse fühlte, die allen anderen Asiaten überlegen war. Ich hatte gezwungenermaßen in den Tagen meiner Alleinherrschaft in der Küche ein paar Veränderungen vorgenommen und verstand, dass ihm das nicht gefallen konnte. So herrschte von vornherein eine gewisse Distanz zwischen uns. Ganz offensichtlich betrachtete er mich als ungewollten Kollegen, dabei hatte ich einen gewissen Vorteil, weil Deutsche bei den Japanern höher im Kurs stehen als alle anderen Europäer.

Ein weiterer Pluspunkt hing mit einem generellen Nationalitätenproblem in der Küche zusammen: Es kommt häufig vor, dass Franzosen, die sich beim Kochen für den Nabel der Welt halten, ein paar fleißige Japaner in ihrer Brigade haben, die regelrecht geknechtet werden. Man gibt ihnen gerade noch eine Unterkunft, ansonsten müssen sie für ihr begehrtes Zeugnis harte Frondienste leisten. – So war es auch Otaki ergangen, der in Frankreich schlimme Zeiten als »Commis-Arschloch« erleben musste. Nun, auf dem Thron in der Küche des »Bangkok Hilton«, sah er seine Zeit gekommen, es den Franzosen heimzuzahlen. Kein Wunder, dass einige Chefs de Partie und Souschefs vor ihm zitterten.

Mir kam in dieser Zeit wieder einmal eine Lebensweisheit zugute, die ich als junger Bub im Boxclub gelernt hatte: Wenn du im Ring einen Gegner hast, der stärker ist als du, dann ist Angst der schlechteste Ratgeber. Lässt du sie zu, dann hast du schon verloren. Daran musste ich denken, als ich nun gegen Otaki in den Ring stieg, und ich freute mich darauf. Ich setzte allerdings nicht auf Konfrontation, sondern auf Diplomatie. Ich war der Koordinator zwischen den verschiedenen Restaurants in unserem Haus, und er sollte sehen, dass ich dabei mit Nachdruck seine Beschlüsse umsetzte.

Der erste Schlagabtausch zwischen uns ließ nicht lange auf sich warten: Nach zwei Wochen erklärte mir Otaki: »We have problems in the bakery.« Die Marschrichtung war klar. Deutschland war und ist das Heimatland vieler guter Brotsorten, und Otaki ging zu Recht davon aus, dass ich mich mit dieser Materie auskannte. So wollte er mich zum »Mehlaffen« degradieren, der mitten in der Nacht aufsteht, um die verschiedenen Restaurants schon zum Frühstück mit frischen Backwaren zu versorgen. Meine Interessen gingen aber in eine ganz andere Richtung, und mir blieb nichts anderes übrig, als unmissverständlich klarzustellen, was meine Position war, und dass ich das ganz sicher nicht tun würde. Es ist ein seltener Anblick, einen

Gelben blass werden zusehen, aber Otaki schluckte meine Weigerung, die Fronten waren geklärt.

Zugute kam mir, dass ich eine Grundregel im Umgang mit Asiaten eingehalten hatte: Die Diskussion fand unter vier Augen statt. So gab es keine Zeugen für sein Nachgeben, und er verlor niemandem gegenüber sein Gesicht.

Aber mein Wechsel nach Bangkok hatte ja nicht stattgefunden, um gegen Otaki anzutreten, sondern zunächst einmal, um von ihm zu lernen, und das tat ich auf vielfältige Weise. Ein paar seiner Gerichte sind mir bis heute in lebhaftester Erinnerung. So konnte er, der auch lange Zeit in Italien gearbeitet hatte, zum Beispiel ein Sugo zubereiten, das seinesgleichen sucht. Der besondere Trick dabei war, dass er ganz zum Schluss, als der Sugo eigentlich schon fertig war, stark geröstete, fast schon verkohlte Knoblauchzehen hineinwarf. Sie wurden später nicht mitserviert, gaben der Nudelsoße aber ein wunderbares Aroma.

Eine andere Erkenntnis, die ich ihm verdanke, ist, dass man Crottin de Chavignol, einen köstlichen französischen Ziegenkäse, gratinieren kann. Wir servierten ihn auf einer Toastade mit gemischten Blattsalaten, die mit Walnussöl und etwas Sherry-Essig angemacht waren – ein Zwischengericht, das man so schnell nicht vergisst! Und auch seine Rilette war in meinen Augen eine kleine Rache an den Franzosen, denn dieser Brotaufstrich, eine absolut französische Erfindung, gelang ihm so gut, wie man ihn in seinem Ursprungsland nur selten bekommt.

Ein paar Wochen später wechselte Otaki zusammen mit unserem französischen Zuckerbäcker Jean François in das »Regent Hotel«. Philipp Mermot, der neue Direktor des »Bangkok Hilton«, fragte mich, ob ich seine Nachfolge antreten wolle. Ich musste keine Sekunde lang darüber nachdenken und sagte mit Freuden zu.

Tomatensugo

à la Otaki – Rezept für vier Personen

Das braucht man

800 g Eiertomaten (auch Flaschentomaten oder Roma-Tomaten genannt)
10 ml Extra Vergine Olivenöl
20 frische Basilikumblätter, mittelgroß
10 Knoblauchzehen
eine Prise Zucker
Salz und weißen Pfeffer aus der Mühle nach Geschmack

So wird's gemacht

- Die Knoblauchzehen schälen, andrücken und mit etwas Olivenöl langsam dunkelbraun bis schwarz rösten.
- Aus den Tomaten den Stielansatz keilförmig herausschneiden und die Haut oben kreuzförmig anritzen.
- In einem Topf reichlich Wasser zum Kochen bringen, die Tomaten in das sprudelnde Wasser geben, nach einer Minute herausnehmen und kurz in eine Schüssel mit Eiswasser legen. Dann die Haut abziehen.
- Die geschälten Tomaten mit einem scharfen Messer halbieren, mit einem Teelöffel die Kerne entfernen und das Tomatenfleisch in Würfel schneiden.
- Olivenöl in eine Kasserolle geben, leicht erhitzen, die gewürfelten Tomaten und die restlichen Knoblauchzehen (gehackt) hinzufügen und alles einige Minuten köcheln lassen.
- Die Basilikumsblätter waschen, gut abtropfen lassen, in Streifen schneiden und unter die Tomatensoße heben, alles mit einer Prise Zucker, Salz und frisch gemahlenem Pfeffer würzen. Je nach Reifegrad der Tomaten eventuell etwas Wasser hinzufügen.
- Den Sugo etwa acht Stunden sanft köcheln lassen, dabei immer wieder etwas Wasser zugeben. Abschmecken vor dem Anrichten und die ausgebratenen Knoblauchzehen entfernen.

Profitipp

Für die Qualität des Sugo ist wichtig, dass geschmacksintensive, aromatische Tomaten mit einer fruchtig-süßen Note verwendet werden.

Die Soße sollte unmittelbar nach der Herstellung verwendet werden.
Sie eignet sich nicht nur für Pasta-Gerichte, sondern auch zur Zubereitung von Fisch und Meeresfrüchten.

Schmiergeld und Kalbskrone

Als Küchenchef im »Bangkok Hilton«

Für mich begann eine völlig neue Ära. Meine Mutter weinte am Telefon, als ich ihr von meiner Beförderung erzählte. Auch sie war 27 Jahre alt gewesen, als sie seinerzeit den »Bernrieder Hof« in Garmisch-Partenkirchen übernommen hatte (wo sie meinen Vater kennenlernte), und sie wusste, wie viel Verantwortung ich jetzt zu tragen hatte.

Die französische Küchenbrigade reduzierte sich schlagartig, als die Neuigkeit bekannt wurde. Ich hatte nichts Generelles gegen diese Herren in der Küche, war aber auch nicht bereit, nur wegen ihrer Nationalität vor ihnen niederzuknien. Dazu fällte ich schon in den ersten Tagen ein paar ganz praktische Entscheidungen, die ihnen nicht gefielen: Zum Beispiel ersetzte ich die bisher bei uns verwendete Butter aus der Normandie durch ein dänisches Produkt, das aber vor Ort in Bangkok produziert wurde.

Ebenfalls zu meinen ersten Entscheidungen gehörte die Einrichtung eines Chef's Tables – nicht um Whisky-Besäufnisse zu veranstalten wie in Caracas, sondern weil es mir am Herzen lag, meine Chefs de Partie und Souschefs beim täglichen Mittagessen um mich zu haben und dabei die wichtigen Abläufe und Entscheidungen mit ihnen zu besprechen. Die Direktion gab dafür ein kleines Budget frei. Es fand sich eine Abstellkammer, die ausgeräumt und dann geschmackvoll im thailändisch-französischen Stil eingerichtet wurde. Schon bald ergaben sich Gelegenheiten, dort auch mögliche Kunden mit einem Testessen zu bewirten und dabei zu überzeugen, ihre geplante Veranstaltung in unserem Haus durchzuführen. Als uns solche

Deals die ersten Male gelangen, wurden auch die letzten Skeptiker überzeugt, dass der Chef's Table eine lohnende Investition war.

Zu den täglichen Veranstaltungen dort gehörte auch jeweils am frühen Abend ein kurzes Briefing für Maître Marco Cesari, den Chef unseres Restaurant-Flaggschiffs »Ma Maison«. Einst hatte er mit dem berühmt-berüchtigten Maître Eberhard, einer Gastronomie-Legende, an die sich viele Gäste heute noch erinnern, im Düsseldorfer »San Francisco Grill« gearbeitet. Inzwischen war er selbst zu einer Primaballerina geworden, machten seinen Job in unserem Haus aber nicht schlecht. – Leider blieb das nicht so: Einige Jahre später ging er einem indischen Sektenführer ins Netz und muss bei diesem wohl durch eine Art Gehirnwäsche gegangen sein. Als er begann, unseren Gästen mit Inbrunst zu erzählen, dass Fleisch schlecht für sie sei und Alkohol ein Teufelswerk, mussten wir seine Karriere ziemlich schnell beenden. Tragischer Schluss der Geschichte: Sechs Monate nach seinem Rausschmiss kam Marco bei einem Flugzeugabsturz in Phuket ums Leben.

In meiner neuen Position als Küchenchef machte ich eine überraschende Erfahrung: Ein Lieferant nach dem anderen bat um einen Termin bei mir – nicht etwa, um sich vorzustellen, sondern um die Provisionsregelung mit mir zu vereinbaren. Das »Under Table Money«, das in der Regel fünf bis zehn Prozent des Umsatzes ausmachte, war offensichtlich in der hiesigen Branche gang und gäbe, aber zur Überraschung unserer Zulieferer erteilte ich jedem Ansinnen dieser Art eine unmissverständliche Absage.

Damit machte ich mir wahrlich nicht nur Freunde. So ermahnte mich zum Beispiel der damalige Küchenchef des »Sheraton Hotels«, die Strukturen nicht durcheinanderzubringen, die den Küchenchefs ein schönes Zubrot bescherten. Aber weder er noch andere Kollegen konnten mich in diesem Punkt umstimmen.

Seelenverwandtschaft mit Khun Binich

So versuchten es viele Zulieferer auf einem anderen Wege: Als Weihnachten nahte und damit auch eine Flut von Geschenken, fanden sich neben Krawatten und anderen Geschmacklosigkeiten in den meisten Päckchen auch Umschläge mit Geld. Ich machte damit genau das Gegenteil von dem, was die Spender wohl erwartet hatten, zeigte es allen und übergab es dann demonstrativ meiner Sekretärin Dolly oder Viboon, unserem Souschef mit der Quietschestimme. Sie sollten damit eine Kasse anlegen, aus der von Zeit zu Zeit eine Party finanziert wurde, bei der alle, aber auch wirklich alle Mitarbeiter in der Küche mitfeiern durften.

Man kann sich unschwer vorstellen, dass mir dieses Verhalten zwar ein paar Feindschaften, aber innerhalb der Küchenmannschaft, vor allem bei den Thais, umso mehr Achtung einbrachte. Schnell sprach sich die Geschichte auch nach oben bis zur Besitzerfamilie herum. Ihr ist es unter anderem zu verdanken, dass sich schon bald eine sehr herzliche Freundschaft – ich möchte fast sagen eine Seelenverwandtschaft – zu dem Mann der Besitzerin, Khun Binich, entwickelte. Das war ein Mann, der das Leben in allen Situationen zu genießen wusste, er parlierte in mehreren Sprachen, war äußerst offen und liebenswürdig, und ich kam mit ihm besser aus als mit allen europäischen Managern. In manchen Situationen erwies es sich auch als hilfreich, dass er über beste Beziehungen zum Königshaus verfügte, weil er als Sohn eines Diplomaten in jungen Jahren einige Zeit zusammen mit König Bhumibols Schwester, der Prinzessin Galyani, gelebt hatte.

Khun Binich, der Ehemann der Hotelbesitzerin, war mir ein echter Seelenfreund. Ihm verdanke ich viele schöne Gespräche und ein paar denkwürdige kulinarische Erfahrungen in Bangkok.

Viele unserer schönen Gespräche fanden beim Essen statt – nicht nur in unserem Hotel, sondern auch in anderen hervorragenden Restaurants der thailändischen Hauptstadt. Eines, an das ich mich besonders gerne erinnere, begann mit der Aufforderung: »Chef Peter, let's have some crispy pigeons!« Wir wählten dafür das »Sai Pour Restaurant« direkt am Car Park des »Bangkok Hilton«. Dort sind die Tauben besonders knusprig und werden nur mit einem leichten Zitronensaft-Pepper-Dip gereicht – ein Leckerbissen, den ich heute noch auf der Zunge spüre!

Die Freundschaft mit Khun Binich brachte mir ein bemerkenswertes Ehrenamt ein. Zusammen mit ihm übernahm ich die Führung des in Asien hoch anerkannten Club de Chaîne des Rôtisseurs, er als oberster Vorsitzender des Thailand-Chapters, ich als Conseiller Culinaire. Damit lag bei den Zusammenkünften des illustren Clubs alles, was auf den Tisch kam, die Menüabfolge und Weinauswahl, in meiner Hand.

Was die Akzeptanz der »Chaîne« anbelangt, gibt es in meinen Augen erhebliche Unterschiede zwischen Asien und Europa. In Asien waren die Mitglieder wirklich Garanten einer gepflegten Küche und nahmen ihren Auftrag ernst. Deshalb habe ich gerne dieses Amt übernommen, obwohl mir die damit verbundenen Auftritte im Tuxedo-Anzug (dem ersten meines Lebens) nicht sehr gefielen – ich habe den Küchendress immer dem »Pinguin-Outfit« vorgezogen. In Europa dagegen musste ich erleben, dass es vielen Mitgliedern in erster Linie darum ging, sich mit Smoking und Kette um den Hals zu niedrigsten Preisen durch die Menüs zu fressen. Monsieur Batty, ein Franzose und der damalige Weltpräsident, verfügte über einen Bauch, der vom Genuss vieler Foies gras zeugte, und über eine rot-blaue Margaux-Nase. Er wurde nicht mein Freund. So mag es nicht verwundern, dass ich die Führungsposition in der Chaîne in Bangkok genoss, sie aber gerne wieder abgab, als meine Asienzeit zu Ende ging.

Drei Monate nach meinem Antritt als Küchenchef richtete ich eine weitere Neuerung ein: Ich stellte ein Lehrlingsprogramm auf die Beine, das nach dem System des Schweizers Eugen Pauli funktionierte und den Eleven eine Ausbildung vom Feinsten bot. Auf Posten, die vorher fast selbstverständlich von Franzosen belegt waren, rückten nun junge Thais nach, die eine Beförderung verdient hatten. So wurde mit Khun Viroj erstmals ein Einheimischer Chef unseres wichtigsten Restaurants »Ma Maison«, sein französischer Vorgänger verließ beleidigt die Küchenarena.

Statt Preisgeld ein Servierwagen

Meine größter Triumph: Ein Jahr später meldete ich Khun Viroj zum wichtigsten Kochwettbewerb der Welt, dem Bocuse d'Or in Lyon, an, und er siegte dort über alle Europäer. Seine Freude währte allerdings nicht lange: Als Preisgeld waren 12 000 Dollar für den Sieger ausgeschrieben, eine unermessliche Summe für meinen Thai. Bei der Preisverleihung erhielt er aber mitnichten das Geld, sondern ersatzweise dafür einen silbernen Christofle-Servierwagen, mit dem er, der in einer Holzhütte auf Stelzen hauste, nicht das Geringste anfangen konnte. Mit viel Mühe und über einen Zwischenhändler, der ordentlich dafür kassierte, gelang es mir, das gute Stück schließlich an ein Restaurant in Hongkong zu verkaufen. Als ich das Geld an Khun Viroj weiterreichte, hat er sich riesig gefreut und endlich wieder ein Lächeln in seinem Gesicht getragen.

Ich bin heute noch davon überzeugt, dass unsere Gastronomie der des »Oriental« und anderer Spitzenrestaurants in keiner Weise nachstand. So gab es jeden Samstagabend im »Suan Suan«, unserem Tagesgartenrestaurant, eine Soirée Classique mit jungen talentierten Musikern und einer Dekoration, die mein Küchenkünstler mit Meisterhand schuf: Er schnitzte aus Styropor Musikerköpfe von Beethoven bis Chopin und überzog sie mit Zucker. Auf Säulen gesetzt bildeten sie eine beeindruckende Galerie. Meine Köche produzierten dazu mit weißen Handschuhen feinste Hors d'œuvres, erlesene Hauptspeisen und Desserts vor den Augen der Gäste. Ich setzte dabei weniger auf meine Kreativität als auf wiederbelebte Klassiker wie Pasteten, Terrinen, Ballotinen, Galantinen – all dies meist à la cuillère, also mit dem Löffel vor dem Gast serviert. Feinste Gardemanger-Arbeit von der Foie gras bis zur Wachtelterrine gehörte natürlich dazu.

Zum Hauptgang gab es eine Couronne de veau, Orloff, eine Kalbskrone mit Zwiebelsoubise und Hollandaise überbacken und mit Trüffeln garniert, danach flambierte Crêpes Suzette, Oeuf à la neige und den legendären Croque en bouche. Das alles wurde beglei-

Kaviar einmal anders: Für eine Promotion der edlen Fischeier schuf ich in unserer »Hilton«-Küche diese große Kaviardose aus Zucker.

tet von zärtlichen, nein mozärtlichen Klängen unserer mandeläugigen Streicher im Frack.

Mein Konzept für unser Restaurant-Flaggschiff »Ma Maison« war mutig, erwies sich aber im Nachhinein als richtig: Ich führte das »One price concept« ein: Für 1850 Bath, das entsprach nach heutiger Währung etwa einem Betrag von 45 Euro, konnte man die Speisekarte rauf und runter essen, so viel man wollte. Bei der Kalkulation war ich davon ausgegangen, dass in die kleinen Thai-Mägen nicht allzu viel hineinpasst, dabei hatte ich allerdings die Rechnung ohne die Spesenprofiteure aus Europa und Indien gemacht, die zumeist auf Firmenkosten essen durften und sich an unseren Köstlichkeiten den Bauch vollschlugen. Die Rechnung ging aber immer noch auf, und es gelang uns, fünf Jahre lang unter den Fine-Dining-Restaurants in Thailand unangefochten die Nummer eins zu bleiben.

Ganz ehrlich: Darauf bin ich heute noch stolz, denn es war schon eine besondere Herausforderung, mit meinen jungen Jahren diese Position zu halten. Gott sei Dank verleitete mich meine Jugend nicht, alles gleich umzuschmeißen, vielmehr behielt ich alles Gute von Otakis Erbe bei, denn auch in der Küche hat der Leitspruch »Never change a winning team« seine Berechtigung.

Die Idee war nicht von mir, sondern von unserem Food & Beverage Manager Clive Scott. Der fragte mich eines Tages, ob ich schon einmal Kochkurse veranstaltet hätte. Hatte ich nicht, aber die Idee leuchtete mir durchaus ein. Wir wären damit die ersten auf dem Markt in Bangkok, besonders was die italienische, spanische oder französische Küche anginge, und der Werbeeffekt, der sich daraus ergäbe, wäre sicher nicht zu unterschätzen. »Let's do it«, antwortete ich ihm deshalb, zwei Wochen später fingen wir an.

Der Zündfunke meiner Kochschule

Die Kurse waren ein durchschlagender Erfolg, hatten aber, im Nachhinein betrachtet, für mich persönlich noch eine viel weitreichendere Bedeutung. Denn Clives Frage war eigentlich der Zündfunke für meine Kochschule, die ich heute noch mit großer Freude betreibe. Inzwischen ist das Konzept gang und gäbe, und kaum ein Koch, dessen Name in der Öffentlichkeit bekannt ist, verzichtet auf diese Form von Kundenkontakt. Aber ich darf mir anrechnen, dass ich – zumindest in Asien – der Erste war, der diese Idee in die Tat umgesetzt hat.

Es gab noch mehr Neuerungen in der Küche. Ich erinnerte mich an meine Zeit bei Frank Müller, wo wir für die Zubereitung der immer wieder begehrten Crêpes eine »Revolving Crêpe Machine« nutzten. In Bangkok wollte ich etwas Ähnliches haben, was aber hier am Markt natürlich nicht zu bekommen war. So machte ich mir selbst Gedanken, wie so etwas beschaffen sein müsste, und wandte mich dann an die ortsansässige Firma Arts and Crafts.

Ein Jungingenieur aus Thailand wurde mir dort zur Seite gestellt, der seine Aufgabe zwar sehr spannend fand, aber noch nie einen Crêpe gesehen hatte. Es kam mir ein bisschen so vor, wie wenn man einen Urwaldindianer beauftragt, einen Handmixer herzustellen. Es dauerte Wochen und kostete viele Nerven, bis nach diversen Änderungen mein Pfannkuchen-Rolls-Royce in Betrieb gehen konnte. Dann aber waren alle Beteiligten – ich wohl am meisten – mächtig stolz darauf, denn das Gerät funktionierte ausgezeichnet, fertigte in

Eine solche Crêpe-Maschine habe ich erstmals in Venezuela gesehen. Das Konzept habe ich verfeinert und die Apparatur in Thailand von guten Handwerkern nachbauen lassen – mit großem Erfolg.

der Minute etwa zehn Crêpes und wurde sogar bei den Gästen zu einer kulinarischen Attraktion.

Mein nächstes Anliegen war, die Köchinnen und Köche nicht mehr hinter den Flügeltüren zur Küche zu verstecken. Ich war so überzeugt von ihrer Arbeit, dass ich die Gäste auf jede nur mögliche Art daran teilhaben lassen wollte. Es bot sich buchstäblich an, von den schmackhaften Nudelgerichten bis zu den Desserts das Konzept der Garküchen von der Straße ins Hotel zu holen. Mit einem Nudelboot und den wunderbaren exotischen Früchten schufen wir die Atmosphäre der berühmten Floating Markets. Bei Banketten und Cocktailpartys ließ ich meine Leute in aller Öffentlichkeit arbeiten, und die sonst so klein wirkenden Show-Köche am Büfett setzte ich auf Podeste, wo sie die Gäste überragten und damit nicht nur optisch an Bedeutung gewannen.

Meine Rechnung ging auf: Die Besucher waren begeistert von dieser Art der Präsentation, und meine Küchencrew gewann zusehends an Selbstvertrauen. Über Jahre waren die Thais kleingehalten worden, jetzt durften sie endlich zeigen, was sie draufhatten. Sie dankten es mir mit einer tollen Arbeitsatmosphäre und beeindruckenden Leistungen.

Ein schlimmer Hemmschuh war dagegen bei manchen Küchenneuerungen der Verwaltungswasserkopf des Hotels. Wenn wir ein paar Schöpfkellen oder Cromargan-Töpfe brauchten, waren dafür nicht weniger als vier Unterschriften nötig, und die letzte Genehmigung musste 2000 Kilometer entfernt vom Vizepräsidenten eingeholt werden. Das ganze Prozedere dauerte in der Regel vier bis sechs Monate. Verständlicherweise versuchte ich, dieses Verfahren zu umgehen, wo immer es möglich war. So ersetzte ich die teuren Schöpfkellen in der Küche durch Kokosnuss-Halbschalen mit Stiel, die auf dem Markt für Pfennigbeträge zu bekommen waren.

Auch in der Präsentation setzte ich mehr und mehr auf Lokalkolorit. Ich hatte schon lange das Gefühl, dass sich kalte Platten und Canapés, so, wie sie nach traditioneller Art angerichtet wurden, eigentlich überlebt hatten, obwohl sie geschmacklich viel hergaben. Also verzichtete ich auf die alten Silberplatten mit Schwanenhals, bestückte stattdessen unsere silbernen Kerzenleuchter mit großen, steifen Lotusblättern und drapierte darauf die Häppchen. Dann schnitt ich Bambus der Länge nach auf und richtete darin Salate an – zuletzt in einer vier Meter langen Bambusstange. Dafür gab es viel Applaus, und so entstanden die Bamboo Dinner, die lange Zeit zum festen Programm des Hotels gehörten.

Dennoch war ich mit dem Konzept der Canapés unzufrieden. Bei großen Cocktailpartys und entsprechenden Mengen, die dafür produziert werden mussten, ließ es sich nicht umgehen, dass die kleinen Häppchen oft fünf bis sechs Stunden im Kühlhaus auf ihren Auftritt warten mussten und dann, bis die Gäste kamen, noch weitere ein bis zwei Stunden im Warmen standen. Danach war der Toast durchgeweicht, und der Belag trocknete aus. Auch hier hieß das probateste Gegenmittel wieder: frisch produzieren – vor den Augen der Gäste. Wir halbierten die Größe der Flanierhäppchen, und ich ließ meine Leute am Büfett mit Löffel und Dressiersack antreten, mit denen sie äußerst schmackhafte und appetitanregende Toastaden fertigten. Das Trio von Rinder-, Tuna- und Lachstatar auf Thai-Kau-Tang-Reiswaffeln erweckte dabei ebenso große Begeisterungsstürme wie die mit Garnelen gefüllten Goldpastetchen. Beides findet sich bisweilen heute noch auf meiner Speisekarte.

Wer mag es mir verdenken, dass ich angesichts solcher Erfolge förmlich in Glückshormonen schwamm und in einen wahren Kreativitätsrausch verfiel. Ich erfand Gerichte, ich kombinierte sie neu, und vor allem: Ich schuf immer neue, abenteuerliche Arrangements, um sie meinem staunenden, mit Beifall nicht geizenden Publikum zu präsentieren.

Der Gipfel aller Kreationen und das Event schlechthin war dabei zweifellos unsere »Roman Night«. Wir besorgten uns Fotos von den Aufbauten des Films *Cleopatra* mit Liz Taylor, und mein Team hatte einen Heidenspaß daran, sie nachzubauen. An den Wänden des Ballraums entstand eine gemalte Szenerie des alten Roms. Gleichzeitig wurden Sklaven- und Gladiatoren-Uniformen für das Personal hergestellt und Musikbänder aus dem Film *Ben Hur* zusammengeschnitten. Unser Master of Ceremony, der Schweizer Hans-Peter Schwanninger, hielt seine Rede an die Gäste auf dem Rücken eines Elefanten.

Ein Römer auf dem Motorrad

Nicht gerade stilecht, aber ungeheuer beeindruckend und mit donnerndem Applaus bedacht, folgte zu später Stunde mein Auftritt: Ich erklomm mit meinem Motorrad, einer 750er Honda, die Bühne (die Rampe dort hinauf war ein 40 Zentimeter breites Holzbrett – ein echter Artistik-Akt) und trug als Gesangseinlage mit unserer Philippino-Band den von mir selbst komponierten Song »Do as the Romans do« vor.

»Take them by surprise« hieß das Motto, mit dem wir unsere Gäste immer wieder begeisterten. Zum ersten Mal hörte ich diesen Spruch von Seth Lewis, unserem neuen jüdischen Food & Beverage Manager. Er hatte die Nachfolge des Australiers Clive Scott angetreten, der wiederum ins »Jakarta Hilton« transferiert worden war. Seth wurde nicht gerade mein Freund. Er verfügte über denkbar schlechte Manieren und liebte es, im Gespräch seine Sätze mit lautem Rülpsen zu garnieren. Aber er war auf seinem Gebiet ein Genie. Er sprach – selten bei Amerikanern – mehrere Sprachen und ist später auf wunderbare Weise knapp einem tragischen Tod entgangen: Zur Zeit der Attentate des 11. September 2001 fungierte er als Food & Beverage Manager im Restaurant »Windows on the World« auf der Spitze des New Yorker World Trade Centers. Als die Türme einstürzten, hatte er nur kurz seinen Arbeitsplatz verlassen.

In Bangkok plagte ihn ein Problem, das sich leider relativ oft

Mein geliebtes Motorrad, eine 750er Honda »Custom Exclusive«, durfte sogar bei einem unserer Show-Dinners auf der Bühne mitspielen.

zwischen Küchenchef und Food & Beverage Manager auftut: Naturgemäß stehen die Spitzenköche mit den weißen Jacken mehr im Licht der Öffentlichkeit als die Kollegen im Anzug. Das erzeugt Eifersucht und führt nicht selten zu dem Versuch, den Küchenchef mit unerreichbaren Zahlenvorgaben in die Knie zu zwingen. Irgendwann, als wir gerade allein im tropischen Garten des Hotels waren, sah ich mich veranlasst, ihm sehr deutlich meine Vorstellung von unserer Zusammenarbeit nahezubringen. Ich packte ihn dazu am Revers, und mein Gesicht war während des Monologs etwa einen Zentimeter von seinem entfernt. Danach waren die Fronten geklärt, und unsere Zusammenarbeit funktionierte fortan wirklich phantastisch.

So war es 1986 auch seine Idee, bei der Farewell Party für die Filmproduktion *Good Morning Vietnam*, die bei uns im Hotel stattfinden sollte, den Hauptdarsteller Robin Williams und seine Mitstreiter in der Bankettküche mit bunten Neonlichtern und Piano vor der Spülmaschine zu bewirten. Die Filmcrew machte begeistert mit – vielleicht war das die Geburtsstunde der Küchenpartys, wie sie inzwischen vielfach nachgeahmt worden sind. Und vielleicht ist daraus indirekt die Idee für einen meiner erklärten Lieblingsfilme entstanden: *Ratatouille*, eine zauberhafte Animation, in der es um die großen und kleinen Probleme der Kochkunst geht.

Ich war in dieser Zeit wahnsinnig beschäftigt. Zu meinen Pflichten in der Küche und den Gästekontakten, die ich gerne pflegte, musste ich mich auch noch um mein Amt in der »Chaîne« kümmern. Ein Dinner mit etwa 120 Kollegen in unserem eigenen Haus ist mir in ganz besonderer Erinnerung. Es war meine Idee, ein sechsgängiges Menü zu präsentieren, bei dem in jedem Gang etwas von der Gans verarbeitet wurde – es reichte von der ersten Vorspeise, einer Galantine von der Gans, bis zum Dessert, einem Soufflé aus den aromareichen Eiern ganz junger Gänse. Ich nahm die Komplimente nach den letzten Bissen gerne entgegen und verabschiedete mich am Ende stilecht mit einer lebenden Gans unterm Arm. Die musste ich allerdings, kaum dass ich den Raum verlassen hatte, wieder abgeben, denn es war höchste Zeit, zum Flughafen zu fahren. In Paris hatte ich meinem ehemaligen Meister Monsieur Le Divellec versprochen, an einer Foodpromotion teilzunehmen.

Ein Termin jagte den anderen. In Bangkok wäre ich ohne mein Motorrad aufgeschmissen gewesen, so kam ich notfalls im Zickzack durch Massen auf den Straßen. Meist war ich dabei mit meiner weißen Kochjacke unterwegs, aber nach einer 30-minütigen Fahrt sah sie aus, als sei ich unter die Kaminkehrer gegangen, und auf den Lippen hatte ich einen unangenehmen Bleigeschmack, der nichts Gutes für meine Gesundheit verhieß. Was wäre ich in dieser Zeit ohne meine Sekretärin Dolly gewesen, die bei meiner Rückkehr ins Hotel immer schon mit einer blütenweißen Ersatzjacke wartete und es liebte, wenn ich ihr als Dankeschön einen neuen anzüglichen Witz mitbrachte.

Verführung mit Kupplung und Gas

Etwa 95 Prozent der Frauen, mit denen ich während meiner Zeit in Bangkok zusammenkam, verfielen aber einem anderen Verführungstrick. Das im wahrsten Sinne des Wortes tragende Utensil dafür war mein Motorrad. Ich lud meine neue Flamme zu einer ausgiebigen Stadtrundfahrt ein, das leichte Anziehen der Kupplung an einer roten Ampel wirkte wie ein Rüttelpult, dann wurde es grün, ich gab Gas, und die Dame musste sich heftig an mir festhalten. Meist hatte ich danach leichtes Spiel. Zu meinen Bekanntschaften gehörten zum Beispiel:

- Eine farbige Amerikanerin, die als Sängerin in der »Bamboo Bar« des »Oriental Hotels« arbeitete. Sie hatte tolles Haar, ähnlich wie Tina Turner, nur leider war es nicht echt, verabschiedete sich im Fahrtwind auf der Ploenchit Road und wurde dann von Lastwagen überrollt. Das tat zwar der Schönheit Abbruch, nicht aber unserem Liebesleben.

- Eine Amerikanerin aus Boston, die in Bangkok für eine Tuna-Verarbeitungsfabrik tätig war. Sie wohnte ab und zu bei uns im Hotel, und als ich sie einmal zu einer nächtlichen Ausfahrt einlud, war es um sie geschehen.

- Eine Österreicherin mit so gewaltiger Oberweite, dass sie auf dem Motorrad hinter mir nur weit zurückgebeugt Platz fand. Auch sonst verfügte sie durchaus über eine »pfundige« Figur. Mit diesen Isolierschichten bedurfte es meiner ganzen Kunst an Gas und Kupplung, bis die Vibrationen ihre Wirkung taten. Dann allerdings war sie nicht mehr zu bremsen.

- Eine Blondine aus den USA sah mit ihrem kurzen Röckchen und den Netzstrümpfen äußerst vielversprechend aus. Als sie sich auf dem Motorrad an mich kuschelte, spürte ich allerdings deutlich, dass sich in ihrer Bluse reines Plastik versteckte. Weil ich nicht die geringste Lust auf eine »Umgebaute« verspürte, fuhr ich sie unverrichteter Dinge zurück ins Hotel.

- Eine australische Journalistin, die mich unterwegs mit dem Angebot schockte, sie würde mir 10 000 Dollar zahlen, wenn ich ihr ein Kind zeugte. Ich fuhr daraufhin sehr, sehr vorsichtig mit meinem Bike und setzte sie bei nächster Gelegenheit ab. Wir sahen uns noch öfter, aber aus naheliegenden Gründen vermied ich jedes Techtelmechtel.

- Meine prominenteste Errungenschaft war die Tochter des amerikanischen Botschafters, die ich dazu brachte, sich mit mir von einem privaten Chaîne-Dinner davonzustehlen. Leider gab es eine vorzeitige Unterbrechung, denn die Marines, die zu ihrem Schutz abgestellt waren, suchten und fanden sie und hämmerten vehement gegen meine Tür, natürlich genau im falschen Moment.

▸ Sogar einige Thailänderinnen aus wirklich guten Häusern verirrten sich auf mein Motorrad. Allerdings zogen sie vor lauter Angst, erkannt zu werden, den Helm tief ins Gesicht und nahmen selbstverständlich im Damensitz Platz. Bei ihnen bedurfte es einiger Überzeugungsarbeit.

Natürlich gab es auch eine Schattenseite des Motorradfahrens: Es war höllisch gefährlich. Ich kann mich an drei Situationen erinnern, in denen ich zahlreiche Schutzengel gehabt haben muss. Einmal war ich mit meinem Freund Otto Weibl, einer schweizerischen Kochikone aus Singapur – zugegebenermaßen nicht mehr ganz nüchtern unterwegs. Auf der Belgian Bridge kam ich ins Schleudern, wir segelten über die Straße, und ein schwerer Lastwagen verfehlte uns nur um Haaresbreite.

Kurz darauf fuhr ich durch die Soi langsuan, als es zu regnen begann und die Fahrbahn damit sekundenschnell von einem üblen Schmierfilm überzogen war. Beim Abbiegen sah ich in einem Chinarestaurant die Karkasse eines sicher 400 Kilogramm schweren siamesischen Welses hängen, die mich so beeindruckte, dass ich mich einen Augenblick lang nicht auf die Straße konzentrierte. Auch hier schossen mehrere Autos nur Zentimeter an meinem Kopf vorbei.

Beim dritten Mal saß eine taubstumme Dame auf dem Sozius, die mich gebeten hatte, sie nach Hause zu fahren (nein, es war wirklich keiner meiner Abschleppversuche). Sie legte sich so sehr in die Kurve, dass ein Katzenauge auf der Straße reichte, uns zu Fall zu bringen, und wir landeten vor einer Garküche. Auch hier hatten wir Riesenglück.

Denn es kann auch anders ausgehen. Mein Freund Harald starb in Bangkok nach einem Unfall mit seiner Harley. Er arbeitete im »Holiday Inn« als Küchenchef, und ich hatte ihm in Frankfurt noch den Rat gegeben, diesen Posten anzunehmen. Haralds Tod ist ein riesen Verlust.

Der Todesstrafe entkommen

Nicht mein Motorrad, sondern meine Hilfsbereitschaft brachte mich ein weiteres Mal in Lebensgefahr: In der »Pink Panther Bar« an der berüchtigten Patpong Road erkannte ich einen ehemaligen Schulkameraden, den ich seit der vierten Klasse der Grundschule nicht mehr gesehen hatte, aber gleichwohl nach 21 Jahren wiedererkannte. Wir tranken ein paar Gläser miteinander, und als ich hörte, dass er im »Miami Hotel«, einer üblen Rucksack-Klitsche, abgestiegen war, bot ich ihm an, er könne für eine Weile in meinem Apartment unterkommen.

Es dauerte etwa zwei Monate, bis ich langsam dahinterkam, dass ich einen Goldschmuggler beherbergte. Er agierte von Hongkong bis Indien und reiste mit präparierten Samsonite-Koffern, deren Rahmen aus purem Gold bestanden und dann zur Tarnung galvanisiert wurden. Ich hatte keine Lust, in diese Geschichte hineingezogen zu werden, und forderte ihn auf, meine Wohnung zu verlassen. Gott sei Dank zeigte er sich einsichtig und bat mich lediglich um einen letzten Gefallen: Er wollte wieder auf Reisen gehen, war spät dran und fragte, ob ich ihn auf meinem schnellen Motorrad zum Flughafen Don Muang bringen könne.

Dort geschah es: Als wir die Helme abnahmen, waren wir wie aus dem Nichts von ein paar Drogenfahndern umgeben, die uns höflich aufforderten, sie aufs Revier zu begleiten. Mir lief es eiskalt den Rücken herunter: Wer Gold schmuggelt, so überlegte ich, kann durchaus auch mit dem berüchtigten weißen Pulver unterwegs sein, und Drogenhandel steht in Thailand immer noch unter Todesstrafe.

Einmal mehr konnte ich meinem Schutzengel nur dankbar sein: Eine eingehende Leibesvisitation und eine nicht weniger gründliche Untersuchung des mitgeführten Gepäcks ergaben keinen Hinweis auf Heroin oder andere Drogen. Mein Freund verabschiedete sich, und ich trat mit weichen Knien den Heimweg an. Viel, viel später, es lagen wohl 20 Jahre dazwischen, traf ich ihn noch einmal wieder: als verlotterten Obdachlosen vor der U-Bahn-Station am Münchner Marienplatz. Er sah mich nicht, ich hatte keine Lust, noch einmal Kontakt aufzunehmen, und machte mich davon, ohne ihn anzusprechen.

Es gibt einen blöden Spruch unter den »Expats«, den Europäern, die für längere Zeit im Ausland leben: »Hüte dich vor Sturm und Wind und Deutschen, die im Ausland sind.« Ein Körnchen Wahrheit ist leider darin, ich habe eine ganze Reihe von Landsleuten getroffen, um die ich lieber einen Bogen machte. So dauerte es volle vier Jahre, bis ich, einer Einladung folgend, zum ersten Mal Ottos Restaurant in Bangkok aufsuchte, den beliebtesten Treffpunkt für Deutsche mit Heimweh, die gerne wieder einmal eine Bratwurst oder eine Schwarzwälder Kirschtorte verzehren wollten. Das Angebot und die Gesellschaft dort beeindruckten mich so wenig, dass es bei dem einen Besuch blieb.

Himmel der Aromen

Mit umso größerer Leidenschaft stürzte ich mich auf die grandiose kulinarische Welt Thailands, einen wahren Himmel der Aromen und Gerüche. Wieder war es eine Frau, die meinem Leben eine ganz neue Wendung gab: Porntip, von ihren Freunden Pi Dam und von mir mit größter Hochachtung »Lady Dam« genannt, ein zauberhaftes Thai-Mädchen, das aus einer sehr unkonventionellen Künstlerfamilie stammte und im Gegensatz zu vielen anderen keinerlei Hemmungen hatte, sich mit einem »Falang«, einem Ausländer, in der Öffentlichkeit zu zeigen.

Porntip führte mich in die Thai-Küche ein und ist heute noch meine Geschäftspartnerin in Bangkok.

Und bei dieser Geschichte stehen Körperlichkeiten in meiner Erinnerung eher im Hintergrund. In erster Linie denke ich voller Dankbarkeit zurück an die vielen Stunden, in denen sie mich mit Geduld und Sachverstand auf den Märkten der Stadt in die Feinheiten der besten Küche der Welt einführte.

Mit ihr besuchte ich zum ersten Mal den Pak Klong Talad, den berühmten Gemüsemarkt Bangkoks am Ufer des Chao-Phraya-Flusses. Die unendliche Fülle, die ich dort sah, führte mir die Wahrheit des Sokrates-Satzes »Ich weiß, dass ich nichts weiß« schonungslos vor Augen. Ich hatte mir schlechterdings nicht vorstellen können, dass es so viele Obst-und Gemüsearten, so viele Kräuter und Gewürze, so viele Gerüche und Geschmäcker geben könnte, wie sie von jeder Thai-Frau verwendet und zu immer neuen Kreationen verarbeitet werden. Porntip kannte sie alle, ließ mich tasten, riechen und probieren und eröffnete mir damit eine ganz neue Genusswelt.

Bangkok verfügt über erstaunlich viele Märkte. Einige davon haben sich zur beliebten Touristenattraktionen entwickelt, aber genau die mieden wir. Statt den berühmten Floating Market, auf dem heute mehr Touristenboote als Händler zu finden sind, besuchten wir den Litschi-Markt. Und anstelle des völlig überlaufenen Lumpini Night Markets zeigte sie mir den Markt der Gefängnisinsassen, wo die besten Möbel zum Verkauf stehen. Auch der Chatuchack-Sonntagsmarkt sowie der für Wiederverkäufer so wichtige Sampeng im Chinesenviertel überwältigten mich in ihrer Größe und Fülle.

Dann ging es hinaus aufs Land, wo wir die Reisbauern besuchten, Flussgarnelen kosteten und bei Bergstämmen wie den Mons und Galinags übernachteten. Auf einem dieser Ausflüge pflückte mir Porntip von der Wasseroberfläche eines Bergbaches eine Katschjap, eine Wasserhornnuss, die einem Stierschädel ähnelt. Sie hat einen unvergleichlichen Geschmack und erinnert an eine Mischung aus Maroni und jungen Haselnüssen.

Ein anderer Aspekt der Thai-Küche ist hierzulande noch viel zu wenig bekannt: Viele der Zutaten und Gewürze verfügen auch als Naturmedizin über ganz erstaunliche Eigenschaften. So lernte ich von Porntip, dass die Galgant-Wurzel eine blutverdünnende Wirkung hat. Viele ältere Thais verzehren sie in Scheiben oder Streifen geschnitten mit ihren Speisen und ersparen sich so den unangenehmen Aderlass oder entsprechende westliche Medizin. Frischer Gelbwurz,

Kurkuma und Turmeric (Letzterer hat in Thailand eine wichtige Funktion zum Gelbfärben der Mönchsroben) regen die Gallentätigkeit an. Rosella-Blüten haben eine hohe Konzentration an Vitamin C und werden mit ihrem intensiven Rot in der Pharmazie häufig zum Einfärben von Arzneimitteln genutzt.

Bai Cha Plu, die Wildpfefferblätter, waren mir zunächst nur als wichtige Zutat der Vorspeise Miang Kham bekannt, erst durch Porntip lernte ich, dass sie auch hervorragend gegen Hustenreiz helfen und damit in Thailand von vielen Asthmatikern verwendet werden. Auch Ingwer ist ein potentes Medikament: Man versetzt ihn mit fünf Teilen Wasser und reduziert das Ganze auf ein Drittel der ursprünglichen Menge. Dieser Sud, mit Honig und Limetten verfeinert, hilft in heißem wie in kaltem Zustand gegen Fieber. Getrocknete Mu-Err-Pilze reinigen die Gefäße und wirken zu hohen Blutfettwerten entgegen.

Die wenigsten Menschen hierzulande kennen eine Pomelo – und wenn, dann essen sie nur das ausgelöste Fruchtfleisch. In Thailand habe ich gelernt, dass die dicke weiße Schicht, die direkt unter der Schale sitzt und im Mixer unter Beigabe von etwas Fruchtsaft verzehrbar gemacht wird, ein potenter Cholesterinsenker ist, der in seiner Wirkung ebenso wie in der Bekömmlichkeit viele chemische Mittel hinter sich lässt.

Die Liste dessen, was Porntip mir in zahlreichen liebevollen Lektionen beibrachte, ließe sich beliebig verlängern. Sie nimmt nicht nur einen großen Platz in meinem Herzen ein, sondern ist mir zu meiner großen Freude bis heute auch geschäftlich verbunden. Sie gehörte einst zu den Gründern der »Thai Tourist Association«, ging dann in die Fisch- und Lebensmittelindustrie und betreibt nun die Mangosteen Asia Ltd., die mein Restaurant jede Woche mit frischer Ware versorgt. Nach dem viel zu frühen Tod ihres Mannes hat sie sich etwas aus dem aktiven Leben zurückgezogen, lebt am Stadtrand von Bangkok und verbringt viel Zeit mit Meditation in Klöstern und mit dem in Thailand so beliebten Bird Watching, wozu sie gerne Spezialfernrohre aus Deutschland benutzt.

Je mehr meine Hochachtung vor den Thais stieg, desto geringer schätzte ich eine ganze Reihe von Kollegen, die mir vor allem bei den »Chefs Luncheons«, einem turnusmäßig alle vier Wochen am Samstag stattfindenden Mittagessen der Executive Chefs Association, über den Weg liefen. Wir speisten rundum bei den Mitgliedern, und es war deutlich zu sehen, wer diese Veranstaltungen liebevoll vorbereitete und wer sie nur als lästige Pflichtübung absolvierte. Rückblickend schätze ich, dass etwa 50 Prozent der ausländischen Küchenchefs in Asien Scharlatane waren, die zwar gerne Namen und klangvollen Titel auf der Brust ihrer blütenweißen Jacke vor sich hertrugen, zur Arbeit hinter dem Herd aber jeden Bezug verloren hatten und solide Sachkenntnis durch Faulheit und Arroganz ersetzten.

Aber ich will nicht ungerecht sein: Es gab auch jede Menge Persönlichkeiten, die ich mit Fug und Recht als Ikonen der Kochkunst bezeichnen muss. Charles Benz aus dem »Mandarin Singapur«, der schwergewichtige Schweizer mit seiner Frau Mercedes, gehörte ebenso dazu, wie sein Landsmann Urs Blaser aus dem »Peninsula« in Hongkong, Werner Berger aus Manila und Josef Budde aus dem »Grand Hyatt« in Tokio. Der seltsamste Vogel unter ihnen aber war Harro Preuß …

Herrentäschchen und Portweingrab

Hommage an einen großen Feuerkünstler

Harro Preuß war eine so ungewöhnliche Figur, dass ich gerne ein bisschen mehr über ihn erzählen möchte. Ihm gebührt das Attribut, der bestgekleidete Küchenchef aller Hemisphären gewesen zu sein. Seine Uniform bestand aus einer Stresemann-Hose, einem leicht taillierten Küchen-Gehrock und, wenn er repräsentieren wollte, einer silbernen Kochmütze. Dieses Outfit und seine imposante Erscheinung trugen ihm den Beinamen »Herr Gepflegt« ein, auf den Kreuzfahrtschiffen, die ihm für ein paar Jahre Heimat und Arbeitsplatz waren, nannten ihn die Damen »Harro, the crazy chef«.

Er war stolz darauf, Sohn einer domestizierten Zigeunerkönigin zu sein, und wuchs am Bodensee, nahe der Schweizer Grenze, auf. Wichtige Stationen nach seinen Lehr- und Wanderjahren waren die erwähnten Schiffe (sie gehörten einer skandinavischen Gesellschaft, und er hatte die Küchen von vier riesigen Dampfern unter seiner Oberaufsicht) und der Posten eines Generalküchenchefs für die gesamte »Hyatt«-Hotelgruppe.

Den Kult um sein Outfit begann er an Bord der Kreuzfahrtriesen. Stets braun gebrannt und schlank, trug er eine weiße, mit Offiziersstreifen bestückte Tropenuniform, die viele Passagiere vermuten ließ, er sei der Schiffsarzt. Seine Leidenschaft, die ich bei keinem anderen Menschen in solcher Perfektion erlebt habe, war das Flambieren. Bevor er im Bordrestaurant seine Show begann, legte er den Ring mit dem Löwenkopf und anderen Schmuck ab, zwei Assistenten standen dafür mit einem Samtkissen bereit, dann zauberte er mit großer Geste und noch größeren Flammen seine Spezialitäten. Einmal, im Hafen von Taipeh, trieb er es zu wild, das Feuer aus seinen Pfannen löste die Sprinkleranlage aus, und 100 Gäste saßen im Regen.

Seine Art zu sprechen und die unvergleichliche Form, wie er im italo-französischen Stil dabei gestikulierte, ließen viele Außenstehende vermuten, dass er schwul sei. Viele Frauen fühlten sich davon ganz besonders angezogen – und merkten viel zu spät, dass sie mit dieser Einschätzung völlig falsch lagen. Schon in frühen Jahren hatte er eine gewisse Ähnlichkeit mit Gunter Sachs, und das bezog sich nicht nur auf sein Äußeres. Die reichen älteren Damen, die zuhauf auf den Kreuzfahrtschiffen unterwegs waren, lagen ihm zu Füßen und buhlten um seine Gunst – oft mit teuren Geschenken. Es geht die Mär, dass er die Schmuckstücke, die ihm zugesteckt wurden, mit in die Küche nahm und dort einen Gehilfen anwies, mit der Kombizange die Halbedelsteine aus der Fassung zu brechen und das Metall über Bord zu werfen. Die Steine deponierte er dann als kleine Kapitalanlage in seinem Büro.

Später in Bangkok gelang es ihm, eine Thailänderin zu erobern, die Ende der 60er-Jahre unter den Europäern in Bangkok eine der begehrtesten Frauen war. Sie stand in Diensten des »Oriental Hotels« und war zumeist auf der berühmten »Oriental Queen« eingesetzt, einem hoteleigenen Schiff, das täglich vom Anlegesteg vor dem Haus flussaufwärts bis zur alten Königsstadt Ayutthaya fuhr. Die Ehe hielt leider nicht lang, und später heiratete

Verrückt, genial und immer eine schillernde Firgur: der unvergessene Harro Preuß.

Harro eine Philippinin, die ihm eine Tochter schenkte. Mit Vergnügen denke ich daran zurück, wie ich die beiden zu Harros 50. Geburtstag in unserem Top-Restaurant »Ma Maison« bekochen durfte.

Ich konnte mit keinem Menschen in meinem Leben so herzlich lachen wie mit Harro. »Lachen ist eine Lebensmedizin«, war ein Lieblingsspruch von ihm, und oft leitete er damit eine Geschichte ein, die mich dann wieder bis zur Erschöpfung lachen ließ. Unvergesslich ist mir eine gemeinsame Motorradfahrt, als wir nach dem Dinner der Chaîne de Rôtisseurs das »Oriental Hotel« verließen. Es muss ein wunderbares Bild gewesen sein: er im goldenen Tuxedo und ich im schwarzen Smoking, den ich zu offiziellen Anlässen trug. Wir kehrten im »Thermai«, einem angesagten Nachtbunker für Ladys, ein, und er stand natürlich sofort wieder im Mittelpunkt.

Ein nervöser Wasserbüffel

Nicht alles gelang ihm so, wie er es geplant hatte. In Manila gab es ein Hotelrestaurant, das sogar seinen Namen trug: das »Harros«. Das verpflichtete zu spektakulären Leistungen. Für einen ankommenden VIP-Gast wollte er auf die Schnelle eine ganz besondere Dekoration basteln, stellte einen lebenden Wasserbüffel in die Lobby, dem er mit Gold- und Silberspray eine persönliche Note verpasste und am Ende mit einem großen Früchtekorb zwischen den Hörnern schmückte. Das ohnehin schon nervöse Tier reagierte auf das Blitzlichtgewitter der Fotografen damit, dass es den Schwanz hob und mit erheblichem Druck seine Fäkalien auf die Gäste schoss. So endete das Dinner, bevor es begonnen hatte, mit einem Desaster, aber natürlich ging die Geschichte schon kurz darauf in die Annalen ein.

Kaum besser ging es in Singapur, wo Harro ebenfalls mit Gold- und Silberspray zugange war und für eine pompöse Hochzeit das Büfett mit lebenden weißen Tauben verzieren wollte. Geplant war, dass die hübschen Tiere nach Eröffnung des Büfetts aus ihren goldenen Käfigen in die Freiheit entlassen würden, um auf diese Weise dem Brautpaar Glück zu bringen. Nun sind Tauben aber leider keine Nachttiere, und durch den ganzen Stress waren ihre Federn etwas verklebt. Als sich die Käfige öffneten, dachten sie nicht im Traum daran, davonzufliegen, sondern fielen in die Barbecue-Soße und Englische Creme, wo sie sich mit hektischem Flügelschlagen zu befreien versuchten und dabei einen guten Teil dieser kulinarischen Köstlichkeiten auf die Kleidung der Gäste beförderten.

Nicht jeder im Hotel kam mit der großspurigen Art von Harro klar, und so knirschte es gewaltig in der Küchen-Chefetage, was die Zusammenarbeit sehr erschwerte. Aber Harro wäre nicht Harro gewesen, wenn er nicht mit einer spektakulären Aktion für einen Neuanfang gesorgt hätte: Er lud den Kollegen, mit dem es die größten Probleme gab, zu einem Lunch am exponiertesten Ort ein: auf einer Verkehrsinsel an der belebtesten Kreuzung von Singapur. Dort ließ er das feinste Tafelsilber, Champagner und ein erlesenes Menü anrichten, und die beiden tafelten inmitten von hupenden Autos und Lastwagen, bis alle Zerwürfnisse ausgeräumt waren.

Jahre danach, als ich 1990 das »Mangostin Restaurant« in München eröffnete, kam er mich besuchen. Wie üblich hatte er ein schickes Herrenhandtäschchen dabei, aus dem er zur Begrüßung eine kleine Dose Kaviar zog. Die Herrenhandtasche gehörte immer zum Outfit, wenn er zu Besuch kam, und auch die Dose Kaviar hatte Tradition. »Man kommt nie mit leeren Händen«, hieß ein Credo von ihm.

Einmal gelang ihm ein besonderes Schnäppchen: Aus einem Hafenspeicher in Kanada ersteigerte er eine Partie uralter und wertvoller Portweine. Er nahm sie mit auf die Philippinen auf seine Farm unweit von Manila, grub die Flaschen etwa sechs Meter tief ein und pflanzte darüber Mangobäume. Es war sein Traum, sich im Alter auf diese Hazienda zurückzuziehen und dort genüsslich seinen Port zu schlürfen. Aber dazu kam es nicht mehr. Eine Lungenkrankheit raffte den Paradiesvogel viel zu früh dahin. Ich fuhr mit zwei thailändischen Köchen zu seiner Beerdigung nach Radolfzell, um ihm die letzte Ehre zu erweisen, und trauere bis heute um diesen außergewöhnlichen Menschen.

Lady in Mousse und Mushroom-Kuchen

Geburtstagsfest eines Erotomanen

In unserem »Hilton Hotel« habe ich viele prominente Zeitgenossen kommen und gehen sehen. Die meisten aßen in unserem Spitzenrestaurant »Ma Maison«, und es gehörte zu den besonders schönen Herausforderungen meines Berufs, ihre kulinarischen Wünsche und Vorlieben zu erforschen und mit maßgeschneiderten Menüs dafür zu sorgen, dass sie sich in unserem Hause besonders wohlfühlten.

Manche Gäste, die sich bei diversen Besuchen von der Leistungsfähigkeit unserer Küche überzeugt hatten, nutzten unseren exklusiven Service aber auch gerne in ihren eigenen vier Wänden und orderten zu den verschiedensten Anlässen ein Catering aus dem »Hilton«. Eine solche Party, zu der ich für teuerstes Geld den kulinarischen Rahmen liefern durfte, ist mir in so außergewöhnlicher Erinnerung, dass ich davon erzählen möchte. Ich tue das heute, über 25 Jahre nach dem Geschehen, mit gutem Gewissen, denn der hochdekorierte Mann, um den es dabei hauptsächlich geht, hat aus seinen Neigungen zu Luxus und Ausschweifungen nie einen Hehl gemacht, und alles, was damals vielleicht strafbar gewesen wäre, ist heute längst verjährt. 1986, als ich dieses unglaubliche Fest zunächst in unserer Küche vorbereitete und dann vor Ort, in einer herrlichen alten Thai-Villa, überwachte, war Diskretion natürlich oberstes Gebot: Kein Pressevertreter durfte Wind davon bekommen und kein Detail an die Öffentlichkeit geraten.

Es war der 40. Geburtstag von Patrick »Shrimp« Gauvain, einem herausragenden Fotografen, der heute noch in Europa ebenso wie in Asien größtes Ansehen genießt. Lange Zeit hatte er als Privatfotograf der Beatles fungiert, und seine Bildbände und Kalender mit den unverwechselbaren »Thai Girls« waren regelmäßig nach kürzester Zeit vergriffen. Er gehörte zum engsten Freundeskreis von Yoko Ono und war in der Szene von Bangkok so bekannt wie der sprichwörtliche »bunte Hund«.

Gauvain war aber auch ein Erotomane der ganz besonderen Art. Sex und Frauen bestimmten sein Leben und sollten natürlich auch an seinem runden Geburtstag die Hauptrolle spielen. Ich bekam den Auftrag, ein Büfett anzurichten, wie ich es noch nie in meinem ganzen Kochleben produziert hatte und – Hand aufs Herz – auch danach nie mehr erlebt habe. »Rude Food« hieß das Motto (ins Deutsche übersetzt etwa: unanständiges Essen), und alles, aber auch alles, was dabei auf Teller und Platten kam, musste zu diesem Thema passen.

Ich glaube heute noch, so viel Sexismus, wie auf diesem Büfett angerichtet war, findet sich nicht einmal in einem Beate-Uhse-Laden. Jedes Brötchen war wie ein Dildo geformt, jede Schalotte wie eine Frauenbrust. Fische glichen, auf dem Rücken liegend und mit offenem Bauch, einer Vagina, und selbst die Soßen erinnerten in Farbe und Konsistenz an Sperma. So ging es weiter: jede Frucht, jedes Gemüse, jedes Fleischstück musste schon auf den ersten Blick Erotik ausstrahlen.

Genauso skurril wie das Büfett war die Kleiderordnung, die sich Gauvain für die geladenen Gäste ausgedacht hatte. Für die Herren galt als Dresscode oben herum ein Stehkragenhemd und darüber eine Tuxedo-Jacke, unterhalb der Gürtellinie als einziges Kleidungsstück Nickers, die typischen englischen Unterhosen, und an den Füßen Lackschuhe. Die Damen, die überwiegend aus dem leichten Gewerbe kamen und in erster Linie hergebeten worden waren, um den männlichen Gästen Vergnügen zu bereiten, waren angewiesen, ein Bustier zu tragen, das die Oberweite schön zur Geltung brachte, dazu Hotpants, kleine Servierschürzchen und an den Füßen natürlich High Heels.

Die Zusammensetzung von Vorspeisen und Hauptgängen hatte Gauvain vorgegeben. Bei der Gestaltung des Desserts ließ er mir freie

Hand, betonte aber, dass er selbstverständlich einen Abschluss des Menüs erwartete, der zum Höhepunkt der Party werden sollte. So war nun meine Kreativität gefragt, aber diese Herausforderung nahm ich gerne an!

Die Schokolade rutscht von der Haut

Die Grundidee für den süßen Abschluss hatte ich schnell geboren: Ich wollte eine Dame in Schokoladenmousse hüllen und als lebende Skulptur auftragen lassen, die dann mit Löffeln und Fingern von ihrem wohlschmeckenden Äußeren befreit werden konnte.

So reizvoll die Idee war, so schwierig erwies sie sich in der Durchführung: Wer jemals im Leben ein Stück Schokolade für längere Zeit zwischen den Fingern gehalten hat, weiß, dass sie unweigerlich zu schmelzen beginnt und mit fortschreitender Erwärmung nicht mehr festzuhalten ist. Genauso erging es mir bei den ersten Versuchen, Schoko-Mousse auf größere Hautpartien aufzutragen.

Mussten wir deshalb auf die schöne Idee verzichten? Nein – ich löste das Problem auf naheliegende, allerdings nicht gerade menschenfreundliche Weise: Die Dame, die als Kern der Skulptur dienen sollte, bekam für ihren Auftritt sehr viel Geld, und so erlaubte ich mir, sie zunächst für eine ganze Weile, genauer gesagt: bis zur Schmerzgrenze, in einen Kühlwagen zu stellen. Damit war die Haut kalt genug, um der Schokolade für kurze Zeit Halt zu geben.

Das Fest nahm seinen Lauf, und aus allen Vorversuchen wusste ich, dass es nun ausschließlich aufs richtige Timing ankam. Als sich der Hauptgang dem Ende zuneigte, kühlten wir das Mädchen herunter, drapierten es auf eine mit Silberpapier verzierte Trage, und dann begann ich zusammen mit einem Konditormeister in fieberhafter Eile, den Körper mit der Mousse zu umhüllen. Als das letzte Stück Haut unter der braunen Masse verschwunden war, spielte die Band auf ein Zeichen von mir einen Tusch, dann trugen vier Lakaien das Kunstwerk in den Saal.

Die Stimmung hatte zu dieser Zeit bereits ihren Höhepunkt erreicht, und über dem Büfett hingen schwere Rauchschwaden mit dem unverkennbaren Marihuana-Geruch. Als meine Schoko-Plastik aufgetragen wurde, brandete Applaus auf. Mit Löffeln und Fingern, manche auch sofort mit dem Mund, machten sich die Gäste über das Kunstwerk her und kitzelten die Dame dabei so, dass sie nicht umhinkonnte, sich etwas zu bewegen. Nun erst bemerkten die bekifften Schlemmer, dass sich unter der Hülle ein lebender Mensch verbarg, und der Verzehr des Desserts wurde zum doppelten Vergnügen.

Die größte Freude aber hatte Gauvain selbst, er war zu dieser Zeit nicht mehr ganz nüchtern. Als seine Gäste den ersten Hunger auf Süßes gestillt hatten, nahm er Anlauf – und stürzte sich mit einem Hechtsprung auf mein Kunstwerk. Die Dame, auf der er landete, kam mit ein paar blauen Flecken davon, aber der Anblick war unglaublich: Nicht nur seine weiße Jacke, sondern alles im Raum, Boden und Möbel, Gäste und Vorhänge, wurde von der umherspritzenden Schokolade über und über besudelt. Aber niemand störte sich daran – im Gegenteil. Lachend applaudierten die Gäste ein zweites Mal, während Gauvain in der Dusche verschwand und dann nur mit einem knappen Badehöschen bekleidet zurückkehrte.

War das Abenteuer damit beendet? Nein, ein gehöriger Schrecken stand mir noch bevor. Im Vorfeld des Festes, bei einem seiner Besuche in meiner Küche, hatte Gauvain mir ein Tütchen mit »Magic Mushrooms« überreicht. Das sind kleine, harmlos aussehende Pilze, die beim Verzehr aber eine ähnlich halluzinatorische Wirkung haben wie LSD – in vielen Ländern sind sie erstaunlicherweise bis heute nicht verboten, ich hatte damals keinerlei Erfahrung damit.

Gauvain bat mich, aus den niedlichen Schwammerln Schoko-Chips herzustellen und diese in einen Kuchen fürs Dessert einzubacken. Ich tat, wie mir geheißen, und der Kuchen kam dann nach meiner Schoko-Plastik aufs Nachspeisenbüfett. Aus den Augenwinkeln beobachtete ich, wie ein belgischer Gast sich das erste Stück davon einverleibte.

20 Minuten lang geschah nichts. Doch dann verwandelte sich der Belgier in Sekundenschnelle: Er rastete völlig aus, gab Urlaute von sich, fuchtelte wild mit den Armen und rannte durch den Raum, als hätten ihn mindestens fünf Taranteln gestochen. Es gelang niemandem, ihn zu beruhigen. Ich war der Einzige, der wusste, was diese plötzliche Wesensveränderung bewirkt hatte, und bekam es mit der Angst zu tun. Als Erstes wies ich einen kräftigen Kellner an, in seiner Nähe zu bleiben, um im Notfall das Schlimmste zu verhindern. Er hätte in diesem Zustand durchaus auf die Idee kommen können,

ein Schmetterling zu sein, und seine ersten Flugversuche mit einem Sprung aus dem Fenster zu starten.

Der Kuchen verschwindet unterm Tisch

Als Nächstes ließ ich den Kuchen so schnell wie möglich diskret unter dem Tisch verschwinden. Der Belgier war gottlob bis dahin der Einzige gewesen, der davon gekostet hatte – nicht auszudenken, was geschehen wäre, wenn die ganze Gesellschaft sich darauf gestürzt hätte.

Die Unmassen an Alkohol und die vielen Rauschmittel, die das Fest begleiteten, taten langsam ihre Wirkung: Ein Gast nach dem anderen streckte sich auf Sesseln und Sitzpolstern, Sofas, Betten oder einfach auf dem Boden aus und fiel in tiefen Schlaf – bald war nichts mehr von der lärmenden Fröhlichkeit übrig. Nahezu ungestört begannen meine Mannschaft und ich, Geschirr und Gläser, Flaschen, Silberplatten und Speisereste einzusammeln, und verließen schließlich fast unbemerkt das Haus.

Gauvain bezahlte klaglos einen stattlichen Preis für das Fest und bedankte sich bei mir für das ungewöhnliche Büfett nach seinen Vorgaben und die lebendige Nachspeise. Nach dem Verbleib des Kuchens (den ich ohne viel Aufhebens im Müll hatte verschwinden lassen) hat er mich nie gefragt.

Piraten und kalte Platten
Eine gefährliche und eine triumphale Reise

Zu den vielen ungewöhnlichen Menschen, die mir in Thailand begegnet sind, gehörte auch mein späterer Schokoladenlieferant und Trauzeuge Robert Schmid. Robert war Deutsch-Thailänder, sein Vater kam schon vor langer Zeit nach Asien, um dort deutsche U-Boote im Zweiten Weltkrieg mit Material zu versorgen, seine Mutter war eine Thai aus Krabi im Südosten des Landes, sie fungierte lange Zeit als meine Ersatzmutter fernab der Heimat. Beide zusammen bauten nach den Kriegsjahren die Schmid-Company auf, die alle möglichen Materialien und Lebensmittel aus europäischen Ländern nach Thailand brachte und dort viele Hotels versorgte. Besonders erfolgreich verlief der Import von Schokolade, der den beiden den Zunamen »Schmid-Chocolats« und außerdem viel Geld einbrachte. Mutter Schmid, eine sehr lebenslustige und trinkfeste Dame, gehörte zu den letzten Menschen, die Jim Thompson, den legendären Seidenfabrikanten, auf einer Trekkingtour lebend sahen, bevor er unter rätselhaften Umständen im Urwald verschwand. Aber das ist eine andere Geschichte ...

Robert, ein lieber Freund, der mir gewiss nichts Böses wollte, bot mir eines Tages ein Abenteuer an, das mich in höchste Lebensgefahr bringen sollte. Es ging darum, mit ihm und zwei Seeleuten zusammen sein nagelneues Segelboot von Singapur durch das südchinesische Meer nach Pattaya zu überführen. Das Boot mit einem gewaltigen Mast und einem 1,3 Tonnen schweren Bleikiel machte einen so soliden Eindruck, dass mir um die Seetüchtigkeit nicht bang war. Dass die Überführung kein Spaziergang werden sollte, wurde mir erst bewusst, als Robert uns die Präzisionswaffen zeigte, die an Bord kamen. Das südchinesische Meer, so erfuhr ich nun, wurde beherrscht von Piraten, die mit äußerster Brutalität alles an sich brachten, was irgendwie von Wert für sie sein konnte.

Wir flogen nach Singapur, und als ich dort offiziell als Seemann den Ausreisestempel in meinen Pass erhielt, wurden wir von den zuständigen Behörden noch einmal eindringlich auf die Gefahr unseres Vorhabens hingewiesen. Die bettelarmen Fischer in der Region, so erklärte man uns, waren im Lauf der Zeit zu gefürchteten Piraten geworden und hatten es vor allem auf vietnamesische Flüchtlinge abgesehen, die nach Malaysia übersetzten, um sich dort mit Gold und anderen Wertgegenständen eine neue Identität anzueignen. Meist wurden die Besatzungen mit Granaten eingeschüchtert und nicht selten verletzt oder getötet. Wenn das Boot bis in den letzten Winkel nach Wertgegenständen durchsucht worden war, wurde es in der Regel versenkt, die Besatzung überließ man ihrem Schicksal.

Das hörte sich alles andere als gut an, aber nun gab es kein Zurück mehr. Unsere Unternehmung stand von Anfang an unter keinem guten Stern. Als wir den Hafen von Singapur verließen, herrschte stürmisches Wetter. Ich hätte wissen müssen, dass mein Magen auf solche See-Abenteuer nicht eingestellt war, und während die Skyline von Singapur in den Monsunwolken verschwand und die Crew dabei war, das erste Abendessen zu kochen, hing ich bereits mit bleichem Gesicht über der Reling.

Das Unglück verfolgte uns weiter: Dreimal gab der schwere Dieselmotor, der das Schiff bei Flaute vorwärtsbringen sollte, seinen Geist auf, sodass wir unvorhergesehene Aufenthalte auf der vorgelagerten Tioman-Insel einlegen mussten, um ihn reparieren zu lassen. Er streikte aber auch auf der weiteren Strecke – das bedeutete, dass unser GPS-System ausfiel und wir uns auf Roberts Fähigkeiten händischer Navigation verlassen mussten. Natürlich dauerte der Trip damit auch erheblich länger, als ursprünglich kalkuliert, und weil die Kühlung ausfiel, gab es statt einem eiskalten Heineken nur lauwarmes Chlorwasser zu trinken.

Robert hatte eine Route gewählt, die 270 Meilen von der vietnamesischen und 220 Meilen von der malaysischen Küste entfernt verlief, damit uns Longtail-Boote, wie sie von vielen Piraten benutzt wurden und nur in Küstennähe verkehrten, nicht erreichen konnten.

Dennoch war höchste Vorsicht geboten: Alle vier Stunden wechselte die Ruderwache, aber an Schlaf war ohnehin kaum zu denken, stattdessen lauschten wir angespannt in die Nacht, ob in der Ferne Schiffe zu hören waren, die sich näherten.

Es geschah am fünften Tag: In der ersten Morgendämmerung forderte uns Robert auf, die Waffen zur Hand zu nehmen, denn ein großer hölzerner Trawler mit finster dreinblickenden dunkelhäutigen Seeleuten an der Reling umkreiste unser Boot. Entgegen allen internationalen Vorschriften gab es keine Flagge am Heck, die Auskunft über die Nationalität gab – auch das verhieß nichts Gutes. Unter größter Anspannung versuchten wir, so zu tun, als ob uns das Ganze nichts angehen würde, und beschäftigten uns scheinbar mit irgendwelchen Reinigungsarbeiten an Deck. Dabei schielten wir immer wieder zu den Gestalten hinüber, die uns mit unbeteiligter Miene beobachteten. Auch Robert, der sonst durch nichts aus der Ruhe zu bringen war und immer eine heitere Gelassenheit ausstrahlte, wurde nun nervös – es lag Angstschweiß in der Luft.

Ich kann nicht sagen, wie lang die Situation andauerte, doch dann drehte das Schiff plötzlich ab und verschwand am Horizont. Unsere Erleichterung war unbeschreiblich, währte aber nicht lange. Noch während wir damit beschäftigt waren, die Fassung wiederzuerlangen und uns über dieses unverhoffte Glück zu freuen, kehrte das Schiff zurück, und jetzt ging es richtig zur Sache. Der Trawler stoppte kurz, dann löste sich ein Auslegerboot, das mit hoher Geschwindigkeit auf unseren Segler zusteuerte. Kein Mensch war an Bord zu erkennen – aber genau das entsprach der bekannten Taktik der Piraten, die damit jedem Gegenangriff aus dem Weg gingen und erst im letzten Augenblick versuchten, an Bord des gekaperten Schiffs zu gelangen.

Genauso ging es auch diesmal: Mit kaum verminderter Geschwindigkeit rammte uns das Boot von hinten, und ein stämmiger kleiner Kerl warf eine Art Lasso, um sich daran an Bord zu hangeln. Ich repetierte das Gewehr, das ich in meinen zitternden Händen hielt, richtete den Lauf auf den Angreifer und brüllte: »Boatsman, shall I fire?« Ich schwöre, wenn der Captain meine Frage bejaht hätte, wäre ich in diesem Augenblick zum Mörder geworden. Aber meine Gestalt, die mich nach fünf Tagen ohne Rasur wie einen Abenteurer wirken ließ, mein Gebrüll und nicht zuletzt die scharfe Waffe in meiner Hand

> *Heute sieht das cool aus, wie ich selbstbewusst und mit der schweren Waffe in der Hand auf dem Schiff posiere. Aber kurz darauf schwebten wir in echter Lebensgefahr und kamen wie durch ein Wunder ungeschoren davon.*

taten ihre Wirkung, noch bevor mir Robert weitere Anweisungen geben konnte: Der kleine Kerl kam zu der Überzeugung, dass er hier nur verlieren könne, sprang mit einem gewaltigen Satz zurück in sein Boot, gab Gas und floh mit schäumender Bugwelle zurück zu seinem Schiff. Wir bekamen aus der Ferne mit, wie es dort einen kurzen Wortwechsel gab, dann drehte der Trawler ab und verschwand auf Nimmerwiedersehen in den Tiefen des südchinesischen Meers.

Der Rest der Reise verlief ohne Zwischenfälle, und nach zwölf Tagen auf hoher See erreichten wir erschöpft den Touristenort Pattaya. Ich habe diese Stadt, wo der Fremdenverkehr mit Sex und schlimmster Abzocke seine hässlichsten Blüten treibt, nie gemocht, aber in diesem Augenblick erschien sie mir als der schönste Ort der

Welt. Das Thema Segeln ist für mich seit diesen Tagen ein für alle Mal erledigt, aber ich hege größten Respekt für die Menschen, die damit ihren Lebensunterhalt verdienen.

Mit Mini-Budget zur Koch-Olympiade

Unversehrt zurück von der abenteuerlichen Seereise, hatte ich eigentlich nicht die geringste Lust, schon bald wieder ins Ausland zu fahren. Das änderte sich jedoch schlagartig, als ich wenige Wochen später ein äußerst ehrenhaftes Angebot bekam: Alle vier Jahre findet in Deutschland eine Art Olympiade der Köche, die sogenannte Internationale Kochkunst-Ausstellung (IKA), statt. Thailand wollte sich diesmal an diesem illustren Wettbewerb beteiligen, und ich als Deutscher mit umfassenden Kenntnissen der thailändischen Küche war auserkoren, das nationale Team als Chef und Coach zu betreuen.

Das einzige Problem: Wir wurden mit einem lächerlich geringen Budget ausgestattet, das gerade für die Flugtickets der acht Köche reichte, die am Wettbewerb teilnehmen sollten. Dennoch nahm ich die Herausforderung an – sie erschien mir einfach zu reizvoll! Zunächst stellte ich eine Mannschaft aus den Spitzenköchen von vier hervorragenden Hotels zusammen, dann begannen wir unsere Arbeit mit einem ausführlichen Studium der Anforderungen.

Ich hatte das Procedere schon einmal vor vielen Jahren, 1976, als kleiner Lehrling erlebt. Damals fand in Frankfurt die erste Ausstellung dieser Art statt, ich war in die Mannschaft der Jungköche delegiert worden und errang meine erste Silbermedaille. Dieses Mal ging es ebenso wie damals um das Motto »Heiß gedacht und kalt präsentiert«. Das bedeutete, dass wir mit viel Kreativität und unendlicher Geduld Schauplatten zusammenstellten, deren Zutaten durchweg essbar waren, die aber mit der kalten Dekoration alle möglichen heißen Gerichte auf kunstvollste Art darstellten.

Die geringen Geldmittel zwangen uns zur Improvisation und zu ungewöhnlichen Wegen. Wir fuhren im Vorfeld der Olympiade erst einmal nach Fürstenfeldbruck bei München, wo ich die Mannschaft in den Personalzimmern der elterlichen Gaststätte unterbrachte. Freundliche Kollegen ermöglichten uns, die Feinarbeit an den

Schauplatten sowie die geforderte Pâtisserie mit Pralinen und großen Mengen Zucker in der Küche des Münchner Restaurants »Seehaus« zu produzieren. Einen kleinen Teil unserer Schaustücke brachte mein Vater anschließend mit dem Auto nach Frankfurt – ich konnte mich auf seine Vorsicht verlassen. Der größere Teil, der in dem Pkw keinen Platz mehr fand, wurde in einem Spezial-Lastwagen verstaut, der mit einer speziellen Inneneinrichtung und weich abgestimmter Federung sonst zumeist Flüssigsprengstoff transportierte.

Diese Koch-Olympiade ist ein wirklich monumentales Ereignis. Die Schaustücke werden von Spitzenköchen aus der ganzen Welt mit größtem Aufwand hergestellt, ihre Präsentation hat für mich einen höheren Unterhaltungswert als alle TV-Koch-Shows zusammen. Daher ist es mir immer wieder ein Rätsel, warum diese Leistungsschau bis heute weitgehend unbemerkt von der breiten Öffentlichkeit stattfindet.

Die Kollegen aus Bangkok und ich, wir alle hatten vor der Präsentation schlaflose Nächte und gaben unser Bestes – mit Erfolg: Mit sechs Goldmedaillen, zwei Silber- und einer Bronzemedaille für Thailand gelang es uns zum ersten Mal, die bemerkenswerte Küche dieses

Die ganze Mühe hat sich gelohnt: Mit einem wahren Medaillenregen kehrten wir im Triumphzug zurück und wurden mit höchsten Ehren in Bangkok empfangen.

Landes dem internationalen Fachpublikum so strahlend zu präsentieren, wie sie es verdient hat. Unser Jubel kannte keine Grenzen, und voller Euphorie traten wir die Heimreise an.

Ein Empfang wie für Fußball-Weltmeister

Zurück in der Heimat wartete der schönste Teil noch auf uns. Die Nachricht unserer erfolgreichen Teilnahme hatte schon die Runde gemacht, und wenigstens für kurze Zeit setzte sich landesweit die Erkenntnis durch, dass man auf die eigene Küche stolz sein und damit auch auf dem internationalen Parkett beachtliche Lorbeeren erringen kann. Der Empfang am Flughafen war kaum weniger feudal als für eine Fußballmannschaft nach erfolgreich absolvierter Weltmeisterschaft. Hohe Vertreter aus Politik und Wirtschaft begrüßten uns im Terminal, dann stiegen wir in eine ganze Flotte antiker, weinroter Rolls-Royce-Limousinen und wurden in das noble »Dusit Thani Hotel« gefahren, in dem der damalige Küchenchef Josef Wölfle für uns und die anderen Ehrengäste einen monumentalen Empfang vorbereitet hatte.

Tagelang waren die Medien voll von Berichten über unseren Triumphzug. Ich freute mich sehr über diese Aufwertung der thailändischen Küche, musste aber schon bald zu meinem Bedauern feststellen, dass dieser Höhenflug nicht von Dauer war. Tatsächlich ist es den Thais bis heute nie wieder gelungen, auf dem internationalen Parkett einen ähnlichen Erfolg zu erringen.

Visumstress und Jumbo-Muscheln

Erfahrungen in Australien und Neuseeland

Über den Tellerrand des eigenen Landes hinauszuschauen und die importierten Waren, mit denen wir täglich umgehen, im Ursprungsland zu erleben sollte zu den Anliegen eines jeden Kochs gehören, der in der Spitzengastronomie bestehen will. Aus dieser Einstellung heraus war es selbstverständlich, dass wir im Frühjahr 1988 gerne einer Einladung unserer Geschäftspartner in Australien und Neuseeland folgten, um dort unter anderem die Aufzucht der Rinder und Schafe zu erleben, deren Fleisch wir fast täglich verarbeiten. Wir, das waren vier Küchenchefs aus der Top-Hotellerie von Bangkok: Alfred Moser aus dem »Shangri-La Hotel«, Mark Kitchens aus dem »Siam Intercontinental«, Norbert Kostner aus dem legendären »Oriental Hotel« und ich.

Ich hatte mich auf diese Reise gefreut und viele positive Erwartungen daran geknüpft, aber sie begann mit einem erheblichen Dämpfer: Man wollte mich in den fünften Kontinent nicht einreisen lassen. Natürlich hatte ich vor der Abfahrt Erkundigungen über die notwendigen Formalitäten eingezogen und von der Botschaft die Auskunft erhalten, dass Deutsche ohne Visum nur mit dem Reisepass ins Land durften. Nach der Landung in Melbourne (und ohnehin etwas gerädert von dem zehn Stunden langen Flug) stellte sich die Situation aber ganz anders dar: Für die Australier war ich in erster Linie ein Mensch mit Aufenthaltsgenehmigung in Thailand und hätte ihrer Auslegung nach deshalb ein Visum gebraucht. So wurde ich einer eineinhalbstündigen, hochnotpeinlichen Untersuchung unterzogen, bis letztlich die offizielle Einladung, die wir von australischer

Seite erhalten hatten, ihre Wirkung tat und man mich ins Land ließ. Als Erinnerung bleibt mir aber bis heute, dass ich in keinem Land der Welt mit so viel Missmut und Unfreundlichkeit empfangen worden bin wie in Australien.

Als endlich alle Hürden genommen waren und wir uns in der Stadt frei bewegen konnten, erinnerten wir uns des Zwecks unserer Reise und wollten sofort eine erste persönliche Erfahrung mit der australischen Gastronomie sammeln. Wir suchten ein äußerlich recht anständig aussehendes typisches Counter Lucheon Restaurant auf und traten ein, um die Esskultur des Landes mit einer ersten Mahlzeit zu erforschen.

Ich würde gerne Positiveres berichten, aber das, was wir dort sahen und erlebten, war gelinde gesagt ernüchternd: Gegessen wurde an der Theke, wie man bei uns in der Eckkneipe am Biertisch steht. Dafür waren die Fleischportionen von einer Größe, wie sie andernorts den Tigern im Käfig vorgeworfen werden. Das Publikum bestand aus Outback-Typen mit bekleckerten, verschmierten Hosen und den zerbeulten Hüten, wie man sie von *Crocodile Dundee* kennt. Allesamt ließen sie jede Kultur vermissen, rülpsten und furzten und benahmen sich auch sonst so, dass uns schnell der Appetit verging.

Kulinarisch waren die 700-Gramm-Steaks das Einzige, was einen nachhaltigen Eindruck bei mir hinterließ. Nicht einmal die viel gerühmten Rotweine konnten mein Herz gewinnen. Sie hatten nach meinem Geschmack ein deutliches Übergewicht an Beerentönen und erinnerten mich eher an die Rote Grütze der Heimat.

Der Start war so unglücklich, dass ich mich eigentlich am liebsten mit dem nächsten Flieger auf die Rückreise gemacht hätte. Aber das wollte ich mir nicht antun, auch hätte ich es unfair gefunden, die Kollegen in meinen Missmut hineinzuziehen. So zwang ich mich, diesen ersten Eindruck abzuhaken und ganz unvoreingenommen weitere Entdeckungen zu machen. Das war auch gut so, denn schon bald wandelte sich das Bild grundlegend. Melbourne erwies sich als eine quirlige Stadt mit viel Unterhaltungswert. Wir hatten dort ein paar Tage und Nächte jede Menge Spaß, und rückblickend stelle ich diese Metropole heute auf eine Stufe mit meinen absoluten Favoritenstädten Stockholm und Barcelona.

Jakobsmuscheln mit Pommes

Auch bei der Küche war der unglückliche Start schnell vergessen, und ich sammelte ein paar nachhaltige Erfahrungen. Das Hauptanliegen unserer Gastgeber war es, uns die Aufzucht und Qualität der Lämmer und Schafe vor Augen zu führen, die zu unseren wichtigsten Importwaren gehörten. Tatsächlich habe ich in Australien, vor allem später in Sydney, eine Qualität erlebt, die sogar die international anerkannten Spitzenprodukte wie das Limousin-Lamm aus Frankreich oder das Salzwiesenlamm aus dem Norden Deutschlands in den Schatten stellt.

Genauso erstaunt war ich über einige Meeresfrüchte, die ich in dieser Dimension noch nie erlebt hatte. Die Jakobsmuscheln aus Tasmanien erreichten hier den Umfang von Maria-Theresia-Talern. Während sie bei uns zumeist in der Top-Gastronomie als besondere Leckerbissen gereicht werden, gab es sie hier frittiert und mit Ketchup, Mayo und Pommes als Beigabe an der Imbissbude. Ebenfalls als Gaumenfreude erwiesen sich die Bay Bugs, tasmanische Beerenkrebse, die, wenn sie glasig auf den Punkt gebraten sind, ein unvergleichliches Geschmackserlebnis vermitteln. Und die sogenannten Marones, Süßwasserkrebse, die an den Hummer erinnern, aber kleinere Scheren haben, lassen geschmacklich jeden amerikanischen Lobster alt aussehen.

Ein weiteres Produkt, das unsere besondere Aufmerksamkeit verdiente, war die Green Feet Abalone, eine Meeresschnecke, die auch als »Meeresohr« bekannt ist. Der Muskel, der ihre Schale geschlossen hält, ist nach Ansicht vieler Zoologen der stärkste Muskel, den es in der Tierwelt überhaupt gibt. Am Ansatz gerade mal zehn Quadratzentimeter groß, bringt er es auf eine Zugkraft von 200 Kilogramm. Die Chinesen, die in der Küche ja kaum ein anderes Thema kennen, sprechen ihm eine besonders positive Wirkung auf die Manneskraft zu, das macht diese Tiere in der kantonesischen Küche zu Superstars und treibt die Preise in astronomische Höhen. Angesichts dieser gigantischen Kräfte besteht das größte Problem bei der Zubereitung darin, die Schalen zu öffnen. Die Australier machen da nicht viel Federlesen: Mit einer Art Spikes-bewehrtem Schnitzelklopfer werden die Tiere aufgeschlagen, das Fleisch kommt dann in wenig attraktiven Fetzen auf den Teller, hat aber einen äußerst angenehmen Geschmack.

Von Melbourne ging es nach Sydney, wo wir kulinarische Orgien mit Rock Oysters absolvierten, um zu entscheiden, ob wir diese Spezialität auf die thailändischen Speisekarten bringen sollten. Um den Eiweißschock zu verdauen, spülten wir mit Whiskey in der berühmten »Marbel Bar« des »Hilton Hotels« nach und sinnierten darüber, wie schon vor 150 Jahren die ersten Offiziersmannschaften in diesen historischen Räumen ihre Heuer in Flüssiges umwandelten.

Das Einzige, was mich an Australien fürchterlich störte, waren die häufigen und offensichtlich durchaus gerechtfertigten Ermahnungen, überall nach Gifttieren Ausschau zu halten. Sogar in den guten Hotels von Sydney schien es angebracht, selbst unter den Toilettenbrillen nach der hochgiftigen Sydney-Spider zu schauen, bevor man dort Platz nahm. Gottlob wurde keiner von uns gestochen oder gebissen, und nach einer Woche setzten wir mit einer gewissen Erleichterung unsere Reise fort in ein Land, in dem Gifttiere weitgehend unbekannt sind: Neuseeland.

Keine Forelle auf der Speisekarte

Wie anders war der Empfang hier gegenüber den unerfreulichen Erlebnissen eine Woche vorher: Nach wenigen Minuten hatten wir alle Formalitäten erledigt und stiegen in den Leihwagen, der vor dem Flughafen von Auckland für uns bereitstand. Unser erster Weg führte uns nach Rotorua, der Heimat einiger Fleischproduzenten, deren Betriebe wir besichtigen wollten. Schon die kurze Fahrt dorthin öffnete mein Herz für den Zauber der neuseeländischen Landschaft, der liebe Gott muss einen besonders guten Tag gehabt haben, als er dieses Paradies erschuf. Auf Hügeln, die in unglaublich sattem Grün leuchteten, weideten die Schafe, dazwischen gab es Kolonien mit Champignons – so ausgedehnt, dass man sie mit Sense und Sichel hätte ernten können.

Nicht anders erging es mir bei allem, was aus dem Wasser kam. Wir besuchten die Bay of Plenty, in der man Langusten von erlesener Qualität bei Ebbe im knietiefen Wasser fangen und dann unter Kiwibäumen genüsslich verzehren konnte. Bäche und Flüsse, das sah ich auf den ersten Blick, führten ein klares, sauberes Wasser ohne jede industrielle Belastung, sodass die herrlichsten Süßwasserfische darin in großer Menge gediehen. Ich konnte beim besten Willen nicht verstehen, dass sich die Neuseeländer daraus absolut nichts machten – im Gegenteil: Wer Lust auf eine der armdicken Forellen oder einen frischen Lachs hatte, musste den Fang selbst bewerkstelligen und seine Beute dann für teures Geld einer Restaurantküche zur Zubereitung anvertrauen. Ähnliches galt seltsamerweise auch für den Exportartikel, der Neuseeland berühmt gemacht hat: das Lammfleisch. Wir importieren es in großen Mengen nach Europa und Asien, aber ein gut zubereitetes Lamm in einem neuseeländischen Restaurant zu bekommen, erwies sich als fast unmöglich.

Zu den unschönen Eigenheiten, auf die wir in diesem merkwürdigen Land stießen, gehörte auch der schwierige Umgang mit den Maoris, den Ureinwohnern Neuseelands. Nachdem wir vier einen Geysir besucht und anschließend ein Schwefelbad genommen hatten, plagte uns der Durst, und wir kehrten in einem Pub ein, wo wir ausschließlich Maoris antrafen, die in einem nahe gelegenen Betrieb als Lohnschlächter arbeiteten. Vom ersten Augenblick an fühlten wir uns als unwillkommene Fremdkörper, und es lag eine knisternde, aggressive Spannung in der Luft. Wir blieben nur wenige Minuten, bis unsere Gläser geleert waren, und suchten dann das Weite. Als wir später im Hotel von dieser Erfahrung berichteten, erklärte uns der Rezeptionist unverhohlen, es sei fast schon ein Wunder, dass wir unbeschadet aus dieser Kneipe wieder herausgekommen seien.

Diese aggressive Haltung haben wir in ganz vielen Situationen beobachtet. Einmal bekamen wir sie direkt zu spüren, als Maoris ohne jeden Grund aus einem Pick-up heraus auf unseren Leihwagen einschlugen. Ich habe viel darüber nachgedacht, was das Verhältnis zwischen ihnen und den weißen Neuseeländern in diesem sonst so friedlichen Land kaputtgemacht hat. Die oft korpulenten, schwerköpfigen, kraushaarigen und knollnasigen Maoris entsprechen nicht unserem Schönheitsideal, und es ist ihnen in vergangenen Zeiten von den weißen Einwanderern übel mitgespielt worden. Das führte wohl dazu, dass die heutige Regierung ihnen aus einem schlechten Gewissen heraus eine ganze Reihe von Privilegien eingeräumt hat, die zu übertriebenem Selbstbewusstsein auf der einen und zu Neid und Missgunst auf der anderen Seite führen. Ein kleines Beispiel dafür:

Die Mutton Birds, auf Deutsch Hammelvögel, tragen ihren Namen ganz gewiss nicht wegen des Geschmacks, sondern sind äußerst wohlschmeckend und daher sehr begehrt. Die Jagd auf diese Vögel ist aber ausschließlich den Maoris vorbehalten.

Aber ich will dem Land nicht Unrecht tun. Unterm Strich war Neuseeland eine positive Reiseerfahrung. Wir begegneten vielen überaus gastfreundlichen Menschen, und von den Meeresfrüchten bis zu Fleischgerichten und Kiwis brachten wir zahlreiche kulinarische Erinnerungen mit nach Hause.

Eine davon ist eng mit dem Namen Herbert Sachse verbunden, er war gut 50 Jahre vor unserem Besuch Küchenchef des Hotels »Esplanade« in Perth. Man erzählt sich, dass er damals eine Ballettaufführung mit der russischen Tänzerin Anna Pavlova sah, die ihn so beeindruckte, dass er ihr eine von ihm kreierte Torte mit Früchten und Eischnee widmete. Sie sollte so leicht sein wie der Tanz der Primaballerina. Ich kann zwar mit Ballett nicht viel anfangen, aber die Torte Pavlova gehört für mich zu den nachhaltigen Erinnerungen an diese erste Reise auf den fünften Kontinent.

Ich ahnte damals noch nicht, dass ich Jahre später noch einmal zu einem durchaus erfreulichen Anlass dorthin zurückkehren würde: Neuseeland war 1995 Ziel meiner Hochzeitsreise, und gemeinsam mit meiner Frau konnte ich mich davon überzeugen, dass die Qualität der Restaurants in der Zwischenzeit enorm gewonnen hatte.

Immer wieder Schlangen

Zurück in Thailand wartete zunächst eine Herausforderung auf mich, die weniger kulinarischer als vielmehr organisatorischer Art war. Ich hatte meiner Mannschaft als Dank für ihre treuen Dienste eine Party der ganz besonderen Art versprochen: Mit dem Bus ging es 350 Kilometer weit, vorbei an der weltberühmten River-Kwai-Brücke, zu einem Stausee, der zur Stromgewinnung künstlich angelegt worden und flächenmäßig etwa so groß war wie der halbe Bodensee. Bei seiner Entstehung versanken drei Dörfer, deren Bewohner man umgesiedelt hatte. Auf diesem See wurde ein riesiges Bambusfloß von einem Motorboot gezogen, und darauf fand die Party statt.

Torte Pavlova

Tribut an eine Tänzerin – Rezept für vier Personen

Das braucht man

5 Eiweiß
300 g Zucker
½ Vanilleschote
1 EL weißen Essig
1 EL Speisestärke
350 ml Schlagsahne
½ Mango
1 Schale Himbeeren
1 Schale Blaubeeren
½ Schale Erdbeeren

So wird's gemacht

- Die Mango schälen, vom Kern schneiden und das Fleisch würfeln, die Erdbeeren ebenfalls würfeln. Das Mark aus der Vanilleschote kratzen.
- Das Eiweiß steif schlagen, dabei 250 g Zucker nach und nach zugeben. Wenn die Masse glänzt, Essig und Speisestärke unterziehen.
- Ein Backblech mit Backpapier auslegen, die Eischneemasse daraufgeben, zu einem ca. 5 cm hohen Kreis formen und die Oberfläche glatt streichen.
- Den Backofen auf 180° (Umluft) vorheizen, das Backblech einschieben und den Ofen sofort auf 100° zurückschalten.
- Nach ca. 80 Minuten den Ofen ausschalten, die Ofentür einen kleinen Spalt öffnen und die Baisermasse so langsam abkühlen lassen.
- Die Schlagsahne mit dem Rest Zucker und dem Vanillemark steif schlagen und die auf einer Platte angerichtete Baisermasse damit rundherum einstreichen.
- Die Früchte obenauf und an den Seiten verteilen, alles mit Puderzucker bestreuen und servieren.

Profitipp

Als moderne Variante kann zusätzlich auf die Schlagsahne Passionsfruchtmark (mit Kernen) geträufelt werden.

Es war ein Fest der Superlative, die Mannschaft hatte riesigen Spaß, und der Alkohol floss in Strömen. Als ich am nächsten Morgen aufwachte, hielt ich ein hübsches burmesisches Mädchen in meinen Armen – und konnte mich beim besten Willen nicht mehr daran erinnern, wie der Abend mit ihr geendet hatte, bevor wir eingeschlafen waren. Natürlich ließ ich mir das nicht anmerken, sondern lud sie zu einer Bootsfahrt in den Sonnenaufgang ein. Dazu kam es aber nicht mehr, denn gerade als ich das Boot ins Wasser bugsieren wollte, stieß sie einen markerschütternden Schrei aus. Am Ufer, nur wenige Schritte von uns entfernt, schlängelte sich eine etwa fünf Meter lange Königskobra. Auch mir war die Begegnung alles andere als angenehm, aber ich gab mich cool, als sei mir das schon hundert Mal passiert, und zog das hübsche Kind ganz langsam aus der Reichweite des Reptils.

Wer längere Zeit in Thailand lebt, kommt tatsächlich um solche Erfahrungen kaum herum, und ich scheine Schlangen geradezu anzuziehen. Bei der Rast am Rande eines Reisfelds auf einem meiner Motorradausflüge hatte ich mich Monate zuvor beinahe auf eine Giftschlange gesetzt, und am Swimmingpool eines renommierten Hotels erlebte ich eine Gruppe amerikanischer Touristen in größter Panik, weil eine Sunbeam Snake mit ihnen baden wollte. Am Strand von Rayong flüchtete sich eine prominente koreanische Schauspielerin in meine Arme, als eine beeindruckend lange Seeschlange zum Landausflug kam, und mitten in Bangkok pfiff mein Freund Horst überrascht durch die Zähne, als er eine Python entdeckte, die am Motorblock seines Bikes hing.

Detlef Dettki, eine Zeit lang mein Souschef und ein etwas labiler Deutscher, erschien eines Tages mit verbundener Hand zur Arbeit. Da erfuhr ich erst, dass sein Hobby das Schlangenzüchten war. Die gottlob ungiftige Würgeschlange, die ihn gebissen hatte, ertränkte er zur Strafe in der Badewanne. Er blieb nicht lange bei uns und tauschte dann die Küchenkluft gegen einen dunklen Anzug – da habe ich schon herbere Verluste erlitten.

Ein schnelles Menü für den Außenminister

Die denkwürdige Party auf dem Stausee hatte genau die Wirkung, die ich mir davon erhofft hatte: Meine Crew dankte mir das Fest mit noch größerer Motivation und noch besserem Arbeitseinsatz. Wenige Wochen später erhielt sie Gelegenheit, ihre Leistungsfähigkeit auf ganz besondere Weise unter Beweis zu stellen. Ich war am Abend gerade dabei, meine Uniform auszuziehen, als mich ein Anruf erreichte. Der Mann am anderen Ende stellte sich als Angehöriger der amerikanischen Botschaft vor und fragte mich in knappem Ton, ob ich in der Lage sei, innerhalb von 30 Minuten in unserem Spitzenrestaurant »Ma Maison« ein Menü für 50 Personen anzurichten – und bitte schön keine provisorische Lösung mit vorgefertigten Komponenten aus der Kühlkammer, sondern nur das Feinste. Man stelle sich so etwas wie ein amerikanisches Sirloin Steak mit Caesar Salad und Baked Potatoes vor und danach vielleicht eine thailändische Mango mit Sorbet-Variationen.

Was war geschehen? Prem, der damalige thailändische Premierminister, hatte den amerikanischen Außenminister Kaspar Weinberger zum Dinner in das »Erawan Hotel«, das offizielle Staatshotel, eingeladen. Eine Stunde vor dem geplanten Eintreffen der Gäste war dort jedoch eine Bombe hochgegangen, die zum Glück niemanden verletzte, aber die Runde selbstverständlich veranlasste, für das Abendessen einen sichereren Ort zu suchen. Meine gute Beziehung zu Anastasia, der Tochter des US-Botschafters, bewirkte, dass die Wahl auf mich fiel. Wir schafften das Unmögliche, die illustren Gäste waren zufrieden, und am nächsten Tag erschien ein Foto von mir in der *Bangkok Post* mit der Unterschrift »The Chef who saved the dinner with Weinberger«. Mein Bekanntheitsgrad in der Hauptstadt erhöhte sich damit in Windeseile.

Zu den erfreulichen Auswirkungen des Ministeressens gehörte auch, dass der Staatssender Channel 5 auf mich aufmerksam wurde und ich das Angebot erhielt, in regelmäßigen Abständen Kochvorführungen zu veranstalten, die live ausgestrahlt werden sollten. Meine Sprachkenntnisse in Thai kamen gut voran, aber dennoch wollte man mir die Moderation nicht alleine überlassen, und ich bekam eine Übersetzerin an meine Seite.

Aber beinahe hätte schon die erste Sendung mit einem Desaster geendet. Ewald Boss, mein damaliger Zuckerbäcker, der später über 20 Jahre lang eine eigene Konditorei im neuseeländischen Auckland betrieb, stand mir bei der Vorbereitung der Quiche Lorraine zur Seite. Weil alles schnell und natürlich ohne Pannen ablaufen sollte, legte er mir zwei zusätzliche Eier auf das Tablett, falls eines vorzeitig kaputtgehen sollte. Das war ganz gewiss nicht als Sabotageakt gedacht, er hatte es gut gemeint, aber in meiner Aufregung entging mir die Erklärung, ich quatschte mir vor laufender Kamera die Seele aus dem Leib und schlug sämtliche vorhandenen Eier in den Teig.

Natürlich passierte, was passieren musste: Statt eines festen Teigs, den ich als Untergrund für den lothringischen Speckkuchen ausrollen konnte, entstand eine Masse, mit der sich allenfalls Spätzle reiben ließen. Ein erneutes Ansetzen war nicht möglich – wir sendeten live. So blieb mir nichts anderes übrig, als die zähflüssige Masse mit der Hand in die Form zu schlagen wie ein Maurer den Putz an die Wand. Mit dem gesamten übrigen Mehl schaffte ich es, daraus ein halbwegs ansehnliches Produkt zu zaubern. Aber den Zuschauern gefiel es offensichtlich. Sie bemerkten nichts von der Panne und waren so beeindruckt von dem appetitlich aussehenden Kuchen, den ich am Schluss der Sendung in die Kamera hielt, dass sie mich in vielen Briefen baten, die Quiche Lorraine auf die Speisekarte unseres Hotel-Coffee-Shops zu setzen. Natürlich kam ich diesem Wunsch gerne nach – diesmal allerdings mit den richtigen Mengenverhältnissen.

Aggressive Schlepper und kriminelle Polizisten

Über meine Begabung, immer wieder in Lebensgefahr zu geraten

War es Leichtsinn? Oder Neugier? Oder hatte ich einfach immer wieder das Pech, in kritische, bisweilen lebensbedrohliche Situationen hineingezogen zu werden? Tatsache ist, dass ich gerade in Thailand ein ganzes Heer von Schutzengeln beschäftigt habe, um die Zeit dort unbeschadet zu überleben.

Den schlimmsten Adrenalinausstoß erlebte ich bei einem Besuch meines Bruders zusammen mit seinem Freund Franz in Bangkok. Sie waren beide heißblütige Metzger, und natürlich gab es für sie nichts Wichtigeres, als das legendäre Nachtleben der thailändischen Hauptstadt gründlich zu studieren. So schlenderten wir spät am Abend durch das berüchtigte Viertel Patpong. Einer der typischen Schlepper dort zupfte mich am Hemd und versuchte, uns gemeinsam zum Besuch einer Liveshow zu bewegen. Mit einem höflichen »Mei krap« wehrte ich ihn ab, eine Verneinung, die zwar unmissverständlich, aber eigentlich absolut nicht ehrverletzend ist. Aber das fasste der Asiate offensichtlich ganz anders auf, denn er antwortete mit einem der schlimmsten Schimpfworte, die ich auf Thai kenne – und dann flog schon sein Bein im Bruce-Lee-Stil in Richtung meines Kopfes. Meine Boxlektionen waren noch nicht lange her, und meine Reflexe funktionierten gottlob ausgezeichnet. Ich wich dem Schlag aus, schlug einmal kurz zu und hielt den Mann dann mit eisernem Griff fest.

Im Nu hatte sich eine Menschenmenge von überwiegend Einheimischen um uns geballt, ich blutete, und mein Hemd war zerrissen, sodass die goldenen Thai-Talismane, die ich um den Hals trug, offen zu sehen waren. »Nimm mir die Kette vom Hals!«, rief ich meinem Bruder zu, »und passt auf, dass mir keiner ein Messer zwischen die Rippen rammt!«

In diesem Augenblick tauchten zwei Polizisten auf, woraufhin sich die Menschenmenge zerstreute. Viele der Einwohner von Patpong sind auf Drogen oder halten sich mit Kleinkriminalität über Wasser, sodass sie den Kontakt mit der Obrigkeit möglichst vermeiden. Aber die Situation entspannte sich dadurch nicht, denn ich beobachtete, dass sich vor einer Bar, in der vor Kurzem einem spanischen Souschef der Schädel mit einer Eisenstange gespalten worden war, nun eine ganze Bande von menschlichen Ratten formierte, um auf mich loszugehen. Ich nutzte die kurze Verschnaufpause, die durch das Auftauchen der Polizisten entstanden war, um auf mein Motorrad zu springen. »Eskortiert mich im Laufschritt, bis ich in die Hauptstraße einbiegen kann«, rief ich meinen beiden Begleitern zu und startete das Bike. Ich hatte zwar ein schlechtes Gewissen, sie zurückzulassen, sah mich als Hauptkontrahenten aber deutlich mehr gefährdet. So ging es zunächst einmal darum, zu verhindern, dass mir ein Angreifer gegen das Motorrad sprang und mich zu Fall brachte.

Meine Verfolger begriffen, was ich vorhatte, und bestiegen ebenfalls ihre Motorräder – hochfrisierte Maschinen, gegen die ich mit meiner behäbigen 750er keine Chance gehabt hätte. Ich preschte um ein paar Ecken und kam dann in einen Slum, den ich buchstäblich wie meine Westentasche kannte, weil ich ihn auf dem Weg zum Joggen im Lumpinipark fast täglich durchquerte. Das war meine Rettung, denn hier konnte ich durch kleinste Gassen fahren, immer wieder die Richtung wechseln, ohne die Orientierung zu verlieren, und meine Verfolger abschütteln. Ich fuhr nach Hause und goss mir ein großes Glas Whisky ein, um den Schock zu verdauen. Kurz darauf trafen unversehrt auch mein Bruder und Franz ein. Sie waren von der Menge nicht weiter beachtet worden, hatten verständlicherweise jeden Spaß an dem Bummel verloren und sich ein Tuk Tuk zu meinem Apartment genommen.

Bevor meine beiden Besucher nach Deutschland zurückkehrten, saß ich an einem Abend mit meinem Bruder im Apartment, das sich im 19. Stock des Baiyoke Tower im Stadtteil Pratunam befand. Wir waren gerade ins Gespräch vertieft, als plötzlich die Schranktür aufflog und der Leuchter über dem Esstisch wild zu schwanken begann. Im ersten Augenblick glaubte ich an Gespenster, aber dann meldete mir mein Gleichgewichtssinn, dass der ganze Raum in Bewegung war. »Ein Erdbeben«, schoss es mir durch den Kopf. Blitzartig verließen wir den Raum und stießen im Flur auf ein paar hysterisch kreischende Mädchen, die verzweifelt auf den Lift warteten. Ich brüllte sie an, dass sie in dieser Situation den Aufzug auf keinen Fall verwenden dürften, und dann stürmten wir so schnell wie möglich die Treppen hinunter.

Auf der Straße hatte sich bereits eine riesige Menschenmenge aus allen umliegenden Häusern angesammelt. Fassungslos beobachtete ich, wie der gewaltige Turm schwankte. Auch die Strom- und Telefonleitungen über mir bewegten sich heftig, dabei wehte nicht das leiseste Lüftchen.

Nach ein paar Minuten kehrte wieder Ruhe ein, größere Schäden waren nicht zu entdecken. Siedend heiß schoss es mir durch den Kopf: Franz ist noch oben! Wir mussten ihn unbedingt herausholen, bevor mögliche Nachbeben einsetzten. Ich war in guter Kondition, stürmte in Rekordzeit die Treppen nach oben in den 19. Stock und hämmerte gegen die Tür des Zimmers, das ich Franz zur Verfügung gestellt hatte. Er öffnete, nur mit einer Unterhose bekleidet, und ich begriff, dass ich ihn bei der schönsten Sache der Welt gestört hatte. Offensichtlich war er mit der Dame, die ich hinter ihm im Bett ausmachte, so beschäftigt gewesen, dass er die Bewegung von außen überhaupt nicht bemerkt hatte. Er wollte auch jetzt noch nicht glauben, was passiert war. Ich konnte ihn aber mit wenigen Worten vom Ernst der Lage überzeugen, dann folgten mir die beiden, nur mit dem Nötigsten bekleidet, nach unten.

Wir hatten Glück. Es gab keine Nachbeben, und alles blieb ruhig. Das Phänomen war ohnehin äußerst selten, denn Bangkok gilt normalerweise als erdbebensicher. Das Hauptbeben hatte in China stattgefunden, und in Thailand waren nur ein paar relativ schwache Ausläufer angekommen, die keinen großen Schaden anrichteten, uns aber einen gehörigen Schrecken einjagten.

Gasexplosion gegen die Konkurrenz

Kaum weniger beeindruckend als das Erdbeben war ein Jahr vorher ein Erlebnis, das mich ebenfalls in meinem Apartment ereilte. Mitten in der Nacht schreckte ich von einer gewaltigen Explosion hoch, die jede Menge Fensterscheiben zertrümmerte. Am Himmel erschienen ein paar gewaltige Feuerbälle, überall hörte ich Menschen schreien, und die Druckwellen waren deutlich zu spüren. Erst nach etwa 30 Minuten kehrte Ruhe ein. War Thailand in einen erneuten Krieg geraten?

Die Erklärung dafür fand ich am nächsten Tag auf der Titelseite der *Bangkok Post*: Ein pfiffiger Geschäftsmann verdiente viel Geld mit einem simplen Trick. Er füllte Haushaltsgas in Autogasflaschen. Das Haushaltsgas wurde niedriger besteuert und war deshalb erheblich preisgünstiger als der Treibstoff. Wenig begeistert von dieser Idee zeigte sich allerdings ein Mitbewerber von ihm, der ebenfalls Autogas verkaufte und für seine Originalfüllungen natürlich mehr Geld verlangen musste. Er wollte die unseriöse Konkurrenz aus dem Wege haben und jagte die ganze illegale Abfüllstation kurzerhand in die Luft. Nicht auszudenken, was passiert wäre, wenn ich in der Nacht noch näher an dem Tatort gewesen wäre.

Ich war, das will ich nicht verhehlen, gerne auch in den dunklen Vierteln Bangkoks unterwegs und kann nur von Glück sagen, dass ich diese vielen Ausflüge unbeschadet überlebt habe, denn nicht nur die Kriminellen, sondern auch die Ordnungshüter der Stadt sind alles andere als zimperlich, gerade Ausländern gegenüber. An einem Abend weckten mich Schüsse auf der Straße. Ich lief auf den Balkon, sah in der dunklen Zufahrtsstraße zu meinem Haus das Mündungsfeuer aus einer Pistole und in einiger Entfernung einen Mann, der stürzte, nachdem er in den Oberschenkel getroffen worden war. Der Schütze ging wie in einem Mafiafilm ohne Eile auf ihn zu, hob die Waffe und schoss ihm zweimal in den Kopf. Kurz darauf fuhr ein kleiner Lastwagen vor, die Leiche wurde in einen Plastiksack mit Reißverschluss verfrachtet und auf die Ladefläche geworfen. Dann brauste der Pick-up mit allen Beteiligten davon.

Tage später hörte ich auf Umwegen, was geschehen war: Die Polizei hatte über längere Zeit einen Bankräuber verfolgt und diesen, als sie ihn endlich stellen konnte, von einem ihrer Killer erschießen lassen.

Mag so eine Aktion noch halb legal und mit dem eigenartigen Rechtssystem des Landes vereinbar erscheinen, so gibt es auch immer Polizisten, die in ihrem schlecht bezahlten Job die Fronten wechseln und sich auf kriminelle Art bereichern. Später, als ich schon wieder zurück in Deutschland war, hörte ich von einer Bande im Vergnügungsviertel Patpong. Die Streifenbeamten sprachen Touristen an und verlangten den Ausweis. Weil auf solchen Ausflügen verständlicherweise niemand seine Originaldokumente mitführt, dafür aber genügend Geld, um im Nachtleben Spaß zu haben, wurden die Opfer aufgefordert, mit auf die Wache zu kommen. Dort kamen sie aber nie an. Sie wurden unterwegs betäubt, ausgeraubt, dann am Stadtrand erschossen, irgendwo in einem Reisfeld mit Benzin übergossen und angezündet. Im Zeitraum von zwei Jahren verschwanden auf diese Weise über zehn, möglicherweise sogar mehr als 20 Touristen von der Bildfläche.

Auch das ist Bangkok, aber niemand sollte sich aufgrund dieser Beschreibung von einem Besuch dieser faszinierenden und traumhaft schönen Metropole abhalten lassen. Wer sich auf den normalen Touristenwegen bewegt und dunkle Geschäfte meidet, ist dort sicher nicht mehr gefährdet als in jeder anderen asiatischen Großstadt.

Viel Zeit und wenig Lob

Erfahrungen im Umgang mit Asiaten

Je länger ich mich in Asien aufhielt, desto intensiver beschäftigte ich mich verständlicherweise mit den Asiaten. Dabei musste ich immer wieder erstaunt feststellen, wie viele meiner deutschen Mitmenschen »die Asiaten« in einen Topf warfen. Tatsächlich sind die Bewohner dieses Erdteils in ihrem Aussehen, in Kultur und Charakter so unterschiedlich wie Menschen, die sich über Millionen Quadratkilometer verteilen, nur sein können.

Schon in Thailand selbst, dem Land, das mir für über sechs Jahre zu einer zweiten Heimat geworden ist, gibt es ganz erstaunliche Unterschiede. Die Angehörigen der Bergstämme im Norden sind klein und zierlich, tragen fast schon mongolische Gesichtszüge und leben unter so extremen Bedingungen, dass sie früh altern und eine vergleichsweise geringe Lebenserwartung haben. Die Inselbewohner im nördlichen andamanischen Seegebiet ähneln dagegen mehr den Einwohnern Neuguineas. Stellt man beide Menschentypen nebeneinander, so würde man nie glauben, dass sie aus ein und demselben Land stammen.

Auch eine Tisch- und Küchenkultur, wie sie für mich im Umgang mit Menschen von so entscheidender Bedeutung ist, lässt sich nicht mit dem vereinfachenden Attribut »asiatisch« beschreiben, denn es gibt himmelweite Unterschiede.

Meine Hochachtung vor der thailändischen Küche und Esskultur ist bekannt, sie bestimmt bis heute mein Leben. Wenn ich dagegen an einen Japaner denke, der gerade seinen Udon-Nudel-Quick-Lunch zu sich nimmt, überkommt mich das kalte Grausen: Mit der Schale am Mund saugt er schmatzend die Teigware aus der Brühe,

Höchste Ehre für mich: Ich darf der thailändischen Prinzessin Chulabhorn Walailak, Tochter von König Bhumibol und Königin Sirikit, eine Kreation aus unserer Küche überreichen.

sodass Brillenträger am Nachbartisch noch einen Scheibenwischer bräuchten.

Schnell, schnell, schnell – so lautet das Motto, wenn Chinesen auf Punggol Island (Singapur) ihren Business-Lunch in einem der kleinen Straßenrestaurants zu sich nehmen. Das Nationalgericht dort, Singapur Chilli Crab, ist zwar ein kulinarisches Erlebnis, an das ich mich durchaus gerne erinnere, aber die Art, wie die Menschen es dort verschlingen, kann einem durchaus den Appetit verderben. Die Schalen werden auf den Tisch gespuckt, der mit einer Papierdecke bedeckt ist. Das macht die Hygiene einfach: Am Ende kommt ein Kellner, der die ganze Schweinerei samt der Tischdecke zusammengerollt und ein neues Papier auflegt – schon kann die nächste Gruppe verköstigt werden.

Eine Weisheit, die ich immer wieder bestätigt gefunden habe, lautet: Essen hat viel mit der gewachsenen Kultur eines Landes zu tun. Die feinste Art des Speisens erlebte ich in Thailand und in weiten Teilen Indonesiens. Die Gerichte dort werden zumeist mundgerecht zubereitet und klassisch mit Gabel und Löffel gegessen. Stäbchen kommen ausschließlich für Nudelgerichte zum Einsatz, Suppen sind Begleitspeisen, die parallel zu den Vorspeisen und Hauptgerichten gereicht werden.

Gerade für die Thais sind fein differenzierte Geschmacksnuancen von größter Wichtigkeit. Selbst bei einem einfachen Menü kommen daher nicht selten 13 bis 18 verschiedene Gänge auf den Tisch. In aller Regel werden die Speisen nicht zu heiß und nicht zu kalt genossen – gerade so, wie sie der Körpertemperatur entsprechen und damit für den Magen angenehm und gesund sind.

Das ist einer der vielen Punkte, wo der kulturelle Unterschied zum Beispiel gegenüber den Philippinen deutlich hervortritt. Es ist mir ein Rätsel, warum dort die Gerichte in der Regel kochend heiß auf den Tisch kommen und als Kontrast dazu das Bier so kalt getrunken wird, dass es eher einer dickflüssigen Masse aus Eiskristallen gleicht. Dieser Wechsel der Extreme hat katastrophale Auswirkungen auf den Zahnschmelz – mit dem Resultat, dass die Filipinos unter den asiatischen Völkern mit Abstand die schlechtesten Zähne haben. Schon viele junge Leute sieht man mit hässlichen Lücken oder – kaum besser – mit billigem und entsprechend schlecht gearbeitetem Zahnersatz herumlaufen.

Warum ich keine thailändische Ehefrau habe

Nachdem ich im Lauf der Zeit zu den Thais ein besonders liebevolles Verhältnis entwickelt habe, wurde ich häufig gefragt (und habe mir oft die Frage selbst gestellt), warum meine Frau keine Thailänderin sei. Die Antwort darauf lässt sich in einem Sprichwort zusammenfassen, das ich in keiner Weise abwertend meine: Man kann zwar viele Affen aus dem Urwald holen – aber niemals den Urwald aus einem Affen. Gemeint ist damit: Menschen (und auch Affen) lassen sich schnell und unkompliziert in andere Länder verpflanzen, aber die Kultur und Identität, ihr Charakter und ihr »way of life« passen sich erst nach langer Zeit (oft dauert es Generationen!) dem neuen Lebensraum an.

Diese Erkenntnis gilt selbstverständlich zuallererst für den Menschen, mit dem ich mein Leben partnerschaftlich teile. Die Harmonie in vielen Details des täglichen Lebens, die Art, wie man mit Menschen umgeht, das Planen und Handeln im privaten und beruflichen Bereich sollten so harmonisch verlaufen, wie es zwischen völlig verschiedenen Kulturkreisen kaum zu realisieren ist. Ich bin deshalb sehr glücklich darüber, mit meiner deutschen Frau diese Harmonie täglich neu zu erleben. Im Gegensatz dazu sagt die Statistik, dass ein erschreckend hoher Anteil an Mischehen (meist deutsche Männer und asiatische Frauen) schon nach kurzer Zeit in die Brüche geht, weil sich die kulturellen Gegensätze kaum überbrücken lassen.

Seit ich zurück in Deutschland bin und dort die Verantwortung für rund 100 Thais übernommen habe, die als Spezialitätenköchinnen und -köche hierhergekommen sind, hat sich diese Ansicht noch einmal gefestigt. Ohne dass ich das verurteile, muss ich feststellen, dass diese Menschen kaum eine Neigung entwickeln, unser Land zu entdecken, die Sprache zu lernen und sich mit unserer Kultur auseinanderzusetzen. Ihr Interesse gilt dem schnellen Geldverdienen, und nach einer gewissen Zeit zieht es sie wieder in die vertraute Umgebung ihrer Heimat.

Natürlich gibt es auch Ausnahmen von dieser Regel. Einige meiner Mitarbeiter aus Thailand sind seit vielen Jahren hier und sprechen inzwischen hervorragend Deutsch. Ich setze sie gerne im Service ein, denn mit ihrer liebenswürdigen Art und großem diplomatischem Geschick erobern sie das Herz meiner Gäste.

Umgekehrt kenne ich auch Deutsche, die zur intensiven Auseinandersetzung mit der asiatischen Kultur bereit und in der Lage sind. Michael Burmeister ist so ein Fall. Sein Vater war als Radiologe im bayerischen Fürstenfeldbruck tätig, ich lernte ihn dort kennen und holte ihn in unser Hotel in Bangkok. Nach drei Monaten konnte er die thailändische Sprache sprechen und schreiben, er heiratete eine Einheimische und lebt heute glücklich und zufrieden in dem Kulturkreis, der so gar nichts mit seiner bayerischen Heimat zu tun hat.

Ein Mord, um Spielschulden zu begleichen

Bei Chinesen und Vietnamesen habe ich eine bisweilen fast schon perverse Spielsucht erlebt. Ein vietnamesischer Restaurantbesitzer hier in Deutschland erfuhr, dass eines meiner besten Serviermädchen, ebenfalls aus Vietnam, immer wieder einmal Kollegen bat, auf ihren Flügen in die Heimat etwas Geld mitzunehmen und es dort ihren Eltern auszuhändigen. Er hatte, so stellte sich später heraus, schlimme Spielschulden, lauerte dem Mädchen auf und brachte es auf brutale Weise mit 41 Messerstichen um. Dann stahl er ihr nicht nur das hart verdiente Geld, sondern auch ihr Mobiltelefon. Das überführte ihn später, er wurde zu lebenslanger Haft verurteilt und erhängte sich kurz darauf in seiner Gefängniszelle.

Natürlich hatte ich auch viel Geschäftliches in Asien abzuwickeln und musste lernen, dass Verhandlungen und Vertragsabschlüsse dort gänzlich anders ablaufen als im wohlorganisierten Deutschland. Der wichtigste Unterschied: Man benötigt weitaus mehr Zeit. Allein schon die Autorisierung von Verträgen und Dokumenten geht durch zahlreiche Instanzen, wobei jede Gebühren verlangt und als Gegenleistung für ein gewisses Wohlverhalten oder eine beschleunigte Abwicklung auch noch eine angemessene Provision. Wenn dadurch der Finanzaufwand unverhältnismäßig steigt und das ursprünglich angesetzte Budget nicht reicht, wird nachverhandelt – das sind Europäer in aller Regel nicht gewohnt, und es kostet noch einmal zusätzliche Zeit.

Apropos Geld: Das »Under Table Money« oder ganz schlicht: die Bestechung, die bei uns so verteufelt wird, ist in den meisten Ländern Asiens ein völlig normaler und nicht wegzudenkender Teil des wirtschaftlichen Geschehens. Wer das nicht akzeptiert, mag zwar moralisch auf der richtigen Seite sein, ignoriert aber einfach eine Realität, ohne die in diesem Kulturkreis nichts zu erreichen ist. Wie oft habe ich einen Polizisten glücklich gemacht, wenn er mich wegen eines Verkehrsvergehens anhielt und bei der Kontrolle der Papiere einen kleinen Geldschein zwischen den Seiten fand. Er war froh, auf diese Weise sein bescheidenes Salär etwas aufzubessern, und ich war froh, keine Punkte und kein Fahrverbot zu kassieren – so war uns beiden geholfen.

Fazit: Ich bin der Faszination Thailands immer aufs Neue erlegen, habe mich mit Erfolg in die Gesellschaft dort eingefügt und die Zeit dort wirklich sehr genossen. Aber je länger ich dort weilte, umso deutlich wurde mir bewusst: Ich war Gast und würde in Asien nie zu Hause sein. Und langsam schlich sich der Gedanke ein, dass es Zeit wäre, meine Rückkehr nach Europa vorzubereiten.

Frauenhass und Haifischflossen

Der Abschied von Thailand

Ich blickte nun auf fünf Jahre in Thailand zurück, und mein 30. Geburtstag stand vor der Tür. Rosano, mein italo-schwedischer Freund mit dem großen Herzen, überließ mir sein neu eröffnetes spanisches Lokal an Bangkoks Schlagader Sukhumvit Road für eine fulminante Geburtstagsparty, und in meiner Euphorie lud ich alle Ladys ein, die mir in der jüngeren Vergangenheit nah und sehr nah gekommen waren. Das erwies sich als verhängnisvoller Fehler, denn natürlich konnte ich nicht verhindern, dass die Damen miteinander ins Gespräch kamen und feststellen mussten, wie oft ich mein Herz verschenkt hatte. Daraus entwickelten sich im Lauf des Abends buchstäblich an allen Ecken haarsträubende Eifersuchtsszenen.

Irgendwann wurde mir das Gekeife lästig, so hatte ich mir meine Fete nicht vorgestellt. Still und heimlich verabschiedete ich mich mit meinen engsten Freunden aus dem Lokal, und wir verlegten den Rest der Feierlichkeiten in Bangkoks berüchtigtes Vergnügungsviertel Patpong. Lustigster Aspekt an dieser Flucht war, dass wir mangels eines anderen Verkehrsmittels zu viert (!) mein Motorrad bestiegen und winkend an ein paar Polizisten vorbeifuhren, die gar nicht daran dachten, unsere fröhliche Stimmung durch ein behördliches Einschreiten zu dämpfen.

Zu den zurückgelassenen Damen gehörte auch die Chefredakteurin eines bedeutenden Frauenmagazins in Thailand, die mir ihre Zuneigung bewies, indem sie mehrfach und immer sehr positiv über meine Person und meine Kochkunst berichtete. Auch ihr wurden an diesem Abend schonungslos die Augen darüber geöffnet, wie viele Mitbewerberinnen sie hatte. Es gab wohl ein paar sehr unerfreuliche, lautstarke Diskussionen darüber, sie trank ein Glas nach dem anderen und wachte erst am nächsten Morgen in mehrfacher Hinsicht sehr ernüchtert wieder in ihrem Auto auf. Wer mag es ihr verdenken, dass sich ihre Sympathien für mich unter diesen Umständen ins Gegenteil verkehrten. Sie rächte sich auf naheliegende Weise: In den folgenden Monaten ließ ihr Frauenmagazin kein gutes Haar mehr an mir.

Wir haben nie wieder ein Wort miteinander gesprochen, aber ihr dezenter, von Zitronengras verfeinerter Körperduft ist mir bis heute in Erinnerung. Sehr seltsame Fotos von ihr mit burschikosem Kurzhaarschnitt und knallig bunter Brille lassen mich vermuten, dass sie vor lauter Frust inzwischen das Ufer gewechselt hat.

Suppentopf für einen halben Monatslohn

Die Damenwelt trat während meiner letzten Monate in Thailand in den Hintergrund, dafür beschäftigte ich mich umso intensiver mit den Feinheiten der regionalen Küche. Eine Spezialität, die ich erst gegen Ende meines Aufenthalts dort entdeckte, war die berühmte Hu Chalam, die Haifischflossensuppe, die ungeachtet aller Proteste der Umweltschützer in Bangkok zu den begehrtesten Gerichten gehört. Der Ort, wo man sie in höchster Vollendung bekam, war das »Scala«, ein schmuckloser Laden am Siam Square. Die Speisekarte dort umfasste ganze zwölf Gerichte, die Shark fin soup wurde in drei Größen angeboten. Nach meinem Geschmack die feinste Variante war ein »Braised«: geschmorte Haifischflossen mit Abalonen (Meerohren). Serviert wurden die Gerichte in feuerfesten Steinguttöpfen zusammen mit Rosenpilzen und Palopulver, einer sehr speziellen chinesischen Gewürzmischung. Der Preis für ein solches Mahl war gemessen an den sonst sehr günstigen Restaurantpreisen in Bangkok gigantisch und überstieg zum Teil den halben Monatslohn eines einfachen Landarbeiters.

Die Gerichte, die im »Scala« in höchster Perfektion gekocht wurden, faszinierten mich, und ich hätte sie gerne nachgekocht. Natürlich wollte mir niemand die Rezeptur verraten – Rezeptklau und Rezepthandel sind in Thailand leider an der Tagesordnung. Gottlob kannte niemand in dem Laden meinen Beruf und meine Position, so avancierte ich langsam zum Stammgast, unterhielt mich immer wieder einmal mit Köchen und Kellnern über die Details bei der Zubereitung und wurde als Europäer in das eine oder andere Geheimnis eingeweiht. So bekam ich eine Vorstellung von der Zubereitung und wagte mich an erste Versuche, ein ähnliches Gericht zu entwickeln.

Eine andere Spezialität, die ebenfalls meine Aufmerksamkeit auf sich zog, entdeckte ich nicht in teuren Spezialitätenlokalen, sondern in kleinen Garküchen auf der Straße, wie sie in Bangkok erst ab 20 Uhr aufgebaut werden dürfen. Es war das Seidenhuhn, ein seltsamer negroider Vogel, an dem alles, von den Federn bis zu Krallen und Augen, total schwarz ist. Das Fleisch wurde zusammen mit Cassiarinde, Korianderwurzel und Knoblauch drei Stunden lang im Dampf gegart und dann als Suppe angeboten, dabei entstand ein unvergleichlich würziger Geschmack, der sich für mich fast zum Suchtfaktor entwickelte.

Meereskrebse gibt es in Thailand in allen Variationen, der Pu Pad Pong Kari, zu Deutsch: der Taschenkrebs, ist als Teil der Curry Crab fast ein Nationalgericht. Dagegen sind Süßwasser-Flusskrebse, wie bei uns die Stein- und Signalkrebse, dort völlig unbekannt. Ich importierte aus Europa drei Kilogramm dieser Sternzeichen-Tiere, setzte sie im Süßwasserteich unserer Atrium Lobby aus und wartete gespannt, ob sie sich mit der neuen Umgebung anfreunden konnten. Das Experiment gelang, die Tiere entwickelten sich prächtig, und sie animierten mich zu einem ganz besonderen Spaß: Ich informierte Mitarbeiter des Bangkok Zoo Marine Instituts über eine seltsame, bis dato unbekannte Art von Schalentieren, die bei uns aufgetaucht war. Wissenschaftler kamen, bestaunten den sensationellen Fund und informierten die Öffentlichkeit darüber – ein willkommenes Thema für die örtlichen Zeitungen. So kam unser Hotel samt seinem rührigen Küchenchef wieder einmal zu einer kostenlosen Werbekampagne.

Entscheidung im Kloster

Die Wende, die meinem Leben nach 15 Jahren eine völlig neue Richtung geben sollte, bahnte sich ganz unspektakulär in tiefer Nacht an: Ich hatte einen wunderbaren Abend auf der Terrasse des

»Oriental Hotels« am Ufer des Chao Phraya verbracht, aber auch lange nach Mitternacht herrschten noch Temperaturen von weit über 30 Grad. Deshalb stand ich buchstäblich im eigenen Saft, und der Smoking klebte mir am Leib. Ich schwang mich auf mein Motorrad und raste mit Höchstgeschwindigkeit durch die Stadt – nicht, weil ich sehr in Eile gewesen wäre, sondern weil der Fahrtwind die einzige Möglichkeit war, die Klamotten wieder einigermaßen trocken zu bekommen.

Und da war plötzlich übermächtig stark das Gefühl, das wohl schon länger in mir schlummerte, mir aber nun zum ersten Mal richtig bewusst wurde: Heimweh! Während ich durch die Häuserschluchten knatterte und nur ganz flach atmete, um von den mörderischen Abgasen so wenig wie möglich in Nase und Lunge zu bekommen, dachte ich mit einer unendlichen Sehnsucht an den Wechsel der Jahreszeiten im fernen Bayern, an die schattigen Wälder und die schneebedeckte Wiese hinter unserem Haus. Und ich dachte an meine alten Eltern. Sie hatten mich zwar ein paar Mal in Thailand besucht und waren von mir im Hotel fürstlich verwöhnt worden, aber der Abschied wurde jedes Mal schwerer, und ich spürte, wie sehr sie mich vermissten und mit zunehmender Gebrechlichkeit wohl auch brauchen würden.

Ich wollte das Gefühl zunächst als einen nächtlichen Sentimentalitätseinbruch abtun, aber es kam auch in den folgenden Tagen und Wochen immer wieder. Auch mit meiner beruflichen Situation war ich mehr und mehr unzufrieden. Im Hotel gab es über 1000 Mitarbeiter, nicht wenige von ihnen erschienen mir als reine Statisten, die

Meine Thai-Mutter Kuni Schmidt war in Asien für mich eine wichtige Leitfigur. Sie gab letztlich den Anstoß dafür, dass ich nach Deutschland zurückkehrte.

leicht einzusparen gewesen wären. Ich litt unter dem Kompetenzgerangel und dem übertriebenen Company-Gehabe und wünschte mir immer mehr, endlich als Selbstständiger etwas auf die Beine zu stellen, wie es mir meine Eltern und mein Bruder längst vorgemacht hatten.

Ich stand an einem Scheideweg und musste endlich Klarheit darüber gewinnen, wie es weitergehen sollte. So vollzog ich eine Art innere Klausur, ließ für ein paar Tage den lautstarken Großstadtdschungel in Bangkok hinter mir und suchte die Einsamkeit in einem kleinen Dorf unweit der River-Quai-Brücke. Meine Thai-Mutter Kuni Schmidt hatte mir die Adresse vermittelt: ein buddhistisches Kloster, wo mich die Mönche mit lächelnder Gastfreundschaft und ohne unnötige Fragen aufnahmen.

Man mag von religiösen Gefühlen, von Tempeln und Klöstern, Zeremonien und Gebeten halten, was man mag, aber ein solcher Aufenthalt geht an keinem Menschen, der auch nur halbwegs sensibel auf seine Umwelt reagiert, spurlos vorüber. Ich hörte tagelang nichts anderes als die gemurmelten Gebete, das Zirpen der Zikaden und nachts die heiseren Laute der Geckos an den Wänden. Ich sah außerhalb des Klosters in die weitläufige, völlig naturbelassene Landschaft des Regenwaldes, nur unterbrochen vom leuchtenden Gelb der Mönchsroben, und ich bekam endlich den Kopf frei von allen mehr oder weniger wichtigen Dingen, die meinen Alltag ausmachten. Aus dieser Leere heraus entstand das Konzept für meine nächste Zukunft: Ich würde noch eine kleine Weile in Thailand bleiben, die Dinge, die mir wichtig waren, in Ordnung bringen und an einem Konzept arbeiten, wie ich meine berufliche Zukunft in der Heimat gestalten wollte. Und dann, schon ganz bald, würde ich Asien endgültig den Rücken kehren.

Ethno-Food statt Biertresen

Die Idee vom eigenen Restaurant

Die Lufthansa veranstaltete eine Foodpromotion in Deutschland, und ich war eingeladen, daran mitzuwirken. Diese Gelegenheit nutzte ich, um den Kontakt zu ein paar Entscheidern in der Gastroszene zu suchen und ein erstes Gefühl dafür zu bekommen, mit was für einem Konzept ich in der Heimat erfolgreich an den Start gehen konnte. Zu den Menschen, die ich in diesem Rahmen kennenlernte, gehörte Birgit Bartels, Hoteliertochter, exzellente Kennerin des Gastgewerbes in Deutschland und – wer hätte es damals geahnt! – viele Jahre später meine Schwägerin. Außerdem traf ich bei dieser Gelegenheit den damaligen Präsidenten des Deutschen Hotel- und Gaststättenverbandes (Dehoga), mit dem ich anfänglich kurz zusammenarbeitete. Birgits Rat war in den folgenden Monaten von unschätzbarem Wert für mich, als ich, zurück in Bangkok, daranging, ein ganz konkretes Konzept für das erste eigene Restaurant in der Heimat zu entwickeln.

Eines war mir dabei von vorneherein klar: In Deutschland gab es mit Witzigmann, Winkler & Co. ein paar hervorragende Repräsentanten der Top-Gastronomie, mit denen ich mich ungeachtet meiner Kenntnisse der französischen Küche, wie sie in den großen Hotels im Ausland zumeist von mir verlangt worden war, nicht messen wollte. Mich hatte auf den vielen Stationen meiner Kochlaufbahn in der ganzen Welt immer die Ethno-Küche mit der Vielfalt ihrer regionalen Produkte, Gewürze und Gerüche fasziniert. Sie zu verstehen, nachzukochen und auf meine Art zu interpretieren war für mich die größte

Mein erster Auftritt in Deutschland nach vielen Jahren in Asien bei der thailändischen Foodpromotion im Münchner »Seehaus«. Hier bahnte sich meine Rückkehr in die Heimat an.

Herausforderung – und das sollte sich selbstverständlich in dem geplanten Restaurant widerspiegeln.

Jede Minute, die mir in Bangkok blieb, arbeitete ich an einem »Handbuch«, in dem der gastronomische Auftritt in allen Details festgehalten werden sollte. Nach langer Überlegung hatte ich mich dazu entschlossen, eine thailändische und eine japanische Crew zu engagieren und mit ihrer Fusion ein komplett neues Küchenkonzept auf den Markt zu bringen. Aber nicht nur das Essen, auch die Architektur, die Inneneinrichtung und der Service sollten in ihrer Authentizität und asiatischen Gastlichkeit neue Maßstäbe setzen. Damit die Qualität der Küche unter den langen Transportwegen so wenig wie möglich leiden musste, gründete ich schon vor meiner Abreise eine kleine Tochterfirma in Bangkok, die ich meiner liebenswürdigen und verantwortungsbewussten Freundin Porntip und ihrer Tochter Fai anvertraute. Beide, so war meine Idee, sollten Woche für Woche für mich über die Märkte streifen, von den Händlern die feinsten Früchte, das beste Gemüse und viele weitere Zutaten erwerben und alles per Flieger nach München schicken, wo es dann ohne weiteren Zeitverlust auf den Tellern der Gäste landen konnte. So geschieht es heute noch, Porntip ist nach wie vor die Garantin für unvergleichlich frische Gerichte im »Mangostin« am Isarufer.

Asia-Küche im Biergarten

An einem grauen Novembertag 1989 landete mein Flieger in München, und ich setzte nach fast 15 Jahren Auslandsaufenthalt meinen Fuß wieder auf heimatlichen Boden. Nun kam es darauf an, mein mühsam erarbeitetes Handbuch in ein konkretes Projekt umzusetzen. Aber das erwies sich als schwieriger, als ursprünglich angenommen. Ich verhandelte mit Banken und Brauereien, ich prüfte die verschiedensten Standorte, geriet an falsche Freunde, die, wie sich schnell herausstellte, nur ihren eigenen Vorteil im Sinne hatten, und musste finanziell ebenso wie ideell eine ganze Menge Federn lassen, bis sich plötzlich der Weg auftat, den ich weitergehen konnte.

Dieser Weg führte geradewegs nach Thalkirchen, ein Stadtteil im Süden von München direkt an der Isar und nur einen Steinwurf vom Haupteingang des Münchner Tierparks entfernt. Dort gab es damals noch die »Deutsche Eiche«, eine Wirtschaft mit angeschlossenem Biergarten unter alten Kastanien, die auf eine 160-jährige wechselvolle Geschichte zurückblickte. Im Dritten Reich war sie – wie könnte es bei dem Namen anders sein – ein beliebter Treffpunkt der Nationalsozialisten, nach 1945 fristete sie ein bescheidenes Dasein als Speiselokal und verkam im Lauf der Jahre mehr und mehr zu einer Spelunke, in der die Gäste nur noch haltmachten, um ein schnelles Bier zu trinken. »Essen in der Eiche – nur über meine Leiche«, dichteten die Anwohner über das Lokal und ließen es in immer größerer Zahl links liegen. Irgendwann wollten die Brauereimanager dieses Elend nicht mehr länger mit ansehen und suchten einen ambitionierten Betreiber, der dem Anwesen neues Leben einhauchen und damit auch die Umsätze wieder steigern sollte.

Tatsächlich fand sich ein Interessent, der eine lustige Geschäftsidee mitbrachte: Er wollte in dem großen Gebäude den längsten Biertresen Münchens einrichten. Möglicherweise hätte ihm das sogar eine gewisse Aufmerksamkeit eingebracht, aber so ganz überzeugt war vor allem der zuständige Manager von Löwenbräu nicht. Er wusste, dass ich auf der Suche nach einem Standort für die Verwirklichung meiner Ideen war, und lud mich zu einer Besichtigung ein. So fuhr ich hinunter ins Isartal und stand zum ersten Mal vor den

Mauern, die nun seit über einem Vierteljahrhundert zu meiner beruflichen Heimat geworden sind.

Es brauchte viel Phantasie, um sich das vorzustellen. Das Haus war völlig heruntergekommen, verdreckt und ungepflegt, in der Küche war so gut wie nichts mehr zu gebrauchen, und der Gastraum musste komplett neu gestaltet werden, um auch nur annähernd die Atmosphäre zu verbreiten, die ich mir für das Restaurant vorstellte. Es wartete unendlich viel Arbeit auf mich – aber ich sah die wunderbare Lage und den schönen Garten und wusste in meinem Innersten, dass ich den richtigen Platz gefunden hatte. Der Löwenbräu-Manager hörte sich erstaunlicherweise mit Wohlwollen meine Pläne an, studierte den Businessplan und unterschrieb schließlich den Pachtvertrag.

Auch ein anderes Problem löste sich auf überraschend unkomplizierte Weise. Ich hatte zwar eine ziemlich genaue Vorstellung davon, wie das »Mangostin« im Inneren aussehen sollte, aber was mir fehlte, war ein Logo als unverwechselbares Erkennungszeichen. Mir schwebte eine Art Kalligrafie vor. Darüber sprach ich eines Tages mit Hermann Rastdorfer, einem sympathischen Künstler in meinem Bekanntenkreis, und malte zur Verdeutlichung ein großes geschwungenes »M« auf ein Stück Pappe. Rastdorfer setzte meine Idee auf geniale Weise um und präsentierte mir wenige Tage später ein paar Entwürfe. Einer davon war der große, wie mit einem groben Pinsel gemalte Buchstabe mit dem Punkt darüber, der bis heute von der Speisekarte bis zum Briefpapier alles ziert, was mit dem Restaurant in Zusammenhang steht.

Die Wochen, die ich nun darauf verwandte, aus dem abgewirtschafteten Ensemble ein veritables Restaurant zu machen, lassen sich kaum beschreiben: Ich war Bauaufsicht und Putzfrau, Personalmanager und Hausmeister, Chefeinkäufer und Verhandlungsführer, meine Arbeitstage endeten nach 20 Stunden, und nicht selten schlief ich auf dem Schreibtischstuhl ein, wenn ich die Zahlenkolonnen auf der unendlichen Flut von Rechnungen durchging. Zu allen Mühen auf der Baustelle kamen noch zähe Verhandlungen im Kreisverwaltungsreferat, bis die Beamten dort bereit waren, für zwölf Köche und sechs Servicekräfte meiner anfangs 32-köpfigen Crew (Thais und Japaner) Arbeitsvisa auszustellen. Aber es gelang uns tatsächlich, den Zeitplan einzuhalten. Am 18. Mai 1990 konnte ich die neuen Mitarbeiter vom

Flughafen abholen, und fünf Tage später starteten wir unser Soft Opening, das dazu diente, bei reduzierter Gästezahl die Abläufe in der Küche und im Service zu proben und zu perfektionieren. Viel schneller, als uns lieb war, nahte der Tag der Tage, dem wir alle entgegenfieberten: Am 20. Juni 1990 sollte das »Mangostin« mit einem riesigen Fest und 1000 geladenen Gästen eröffnet werden.

Schoßhündchen und Nasenflügel

Das »Mangostin« geht an den Start

Insgesamt war der Juni 1990 ein verregneter Monat, aber der Himmel hatte ein Einsehen, und an unserem Eröffnungstag strahlte die Sonne so freundlich herab, dass wir einen Teil der Feierlichkeiten in dem festlich geschmückten Garten stattfinden lassen konnten. War ich aufgeregt? Vermutlich schon, aber es blieb mir keine Zeit, um darüber nachzudenken. Eine Agentur hatte für uns die Einladungsliste erstellt und so ziemlich alles eingeladen, was in der Münchner Gesellschaft Rang und Namen hatte. Als ich nun am Eingang stand und die Gästeschar an mir vorbeiflanierte, wurde mir bewusst, wie wenige von diesen prominenten Menschen ich nach den langen Jahren der Abwesenheit kannte – vor allem aber kannte auch mich so gut wie niemand.

Das führte immer wieder zu skurrilen Szenen. Ich erinnere mich, wie ein Paradiesvogel auf mich zukam, dessen toupierte Frisur mich ebenso befremdete wie sein Schoßhündchen auf dem Arm. Begleitet wurde er von einer alten Dame mit weißblau gefärbten Haaren. Auf seine Frage, wo der für ihn reservierte Tisch sei, antwortete ich gleichmütig, es gebe angesichts des riesigen Andrangs heute keine reservierten Plätze, und er möge sich einen Stuhl dort suchen, wo noch etwas frei sei. »Sie wissen wohl nicht, wer ich bin«, stellte er lächelnd fest, und mir blieb nichts anderes übrig, als dies zu bejahen. Es spricht für Münchens prominentesten Schneider Rudolph Moshammer (mit Mama und Hündchen Daisy), dass er mir den Fauxpas in keiner Weise übel nahm – im Gegenteil: Aus diesem etwas holprigen Kennenlernen wurde schon bald eine zauberhafte Freundschaft.

Begrüßungsansprache bei der Eröffnung des Restaurants »Mangostin«, das ich nun seit gut 25 Jahren leite.

Rudi war häufig im »Mangostin« zu Gast und lud manchen Kummer bei mir ab. Sein gewaltsamer Tod hat mich traurig und betroffen gemacht.

Bei zwei anderen Gästen war es umgekehrt: Ich kannte sie, aber sie konnten mit mir nichts anfangen. Es waren der Münchner Nobelgastronom Gerd Käfer und Falk Volkhardt, der legendäre und ebenfalls längst verstorbene Inhaber des Luxushotels »Bayerischer Hof« in München. Sie standen direkt neben mir, als Käfer neidvoll über den gewaltigen Prominentenauftrieb schaute und zu seinem Nachbarn meinte: »Wirst sehen, in drei Monaten sind die stier« (auf Bayerisch: pleite). Ich sagte nichts darauf, obwohl mich die Prognose bitterlich schmerzte. Aber es war mir ein ganz besonderes Vergnügen, dass ich mit der beispiellosen Erfolgsgeschichte des »Mangostin« das Gegenteil beweisen konnte. Als viele Monate später Gerd Käfer wieder einmal hereinschneite, um mit sichtlichem Vergnügen die Spezialitäten unserer Küche zu genießen, erinnerte ich ihn an diesen Ausspruch und erzählte, dass ich direkt neben ihm gestanden und den unfrommen Wunsch mit eigenen Ohren gehört hatte. Gerd sah mich einen Augenblick betroffen an, dann gab er mir einen herzhaften Schmatz auf die Wange und entschuldigte sich in aller Form. Ich war froh über diese Reaktion, und wir sind uns bis auf den heutigen Tag in freundschaftlicher Kollegialität verbunden.

Neben den kulinarischen Glanzleistungen war es auch mein Ehrgeiz, mit unserer Bar vom ersten Tag an zu den Topadressen von München zu gehören. Schon bei der Eröffnungsfeier konnten meine Leute beweisen, was sie draufhatten, der Alkohol floss in Strömen, und je weiter der Tag fortschritt, umso mehr war das vielen Gästen anzumerken. Zu denen, die besonders heftig zulangten, gehörte eine zauberhafte junge Frau. Sie arbeitete, so war's in der Klatschpresse zu lesen, anfangs als Kindermädchen bei einem der reichsten deutschen Industriellen, eroberte sein Herz, und in wenigen Wochen sollte die Hochzeit stattfinden. Zu unserem Eröffnungsfest war der weitaus ältere und publikumsscheue Multimillionär nicht gekommen, aber das hielt seine junge Verlobte nicht davon ab, im Kreise gleichaltriger Freunde feuchtfröhlich zu feiern.

Was dann am späten Abend genau passierte, lässt sich kaum noch rekonstruieren: Irgendwie verlor sie das Gleichgewicht, der Herr an ihrer Seite wollte sie mit einer reflexartigen Bewegung auffangen, schaffte es aber stattdessen, ihr sein Champagnerglas so heftig ins Gesicht zu rammen, dass beide Nasenflügel aufgerissen wurden und sie heftig blutete. Schlagartig war die Gesellschaft wieder nüchtern, mein Bruder und ich bemühten uns um die wimmernde Schönheit, aber es war gar nicht so sehr der Schmerz, der ihr zusetzte, sondern die Sorge um ihr Aussehen angesichts der bevorstehenden Hochzeit. Sie verließ das Fest, und ich erfuhr später, dass sie noch in der Nacht einen Hubschrauber gechartert hatte und sich zu einer Spezialklinik im Fränkischen fliegen ließ, wo ein prominenter Schönheitschirurg um vier Uhr morgens aus dem Bett geholt wurde, um auf dem OP-Tisch für die Wiederherstellung ihrer makellosen Nase zu sorgen. Den Fotos von der Hochzeit wenige Wochen später war von dem Malheur tatsächlich nichts anzusehen.

Verrückte Welt: Ich hatte zwar ein paar der besten Köche Thailands in meiner Küche, aber es war mir noch nicht gelungen, eine zuverlässige Kraft als Spüler zu verpflichten. Um den Ansturm beim Eröffnungsfest zu bewältigen, lieh ich mir von einem Hotel in der Innenstadt einen Mitarbeiter aus der Spülküche, der sich mit der Nachtschicht bei mir gerne ein Zubrot verdienen wollte. Leider hatte mir niemand verraten, dass es sich bei ihm um einen schweren Alkoholiker handelte. Er konnte den vielen Gelegenheiten an diesem Abend nicht widerstehen und tankte immer wieder nach, bis er schließlich völlig die Kontrolle verlor und in erbärmlichem Zustand das Haus verließ. So endete der festliche Eröffnungsabend damit, dass ich mit meinem Bruder zusammen bis in die Morgenstunden selbst am Spülbecken stand und das Geschirr reinigte, damit der Betrieb am nächsten Tag weitergehen konnte.

Wachstum und Wandel

Das nächste Buch kommt bestimmt!

Zum Ausruhen nach dem legendären Eröffnungsfest blieben gerade ein paar Stunden, denn schon am nächsten Mittag standen die ersten Gäste wieder vor der Tür, und damit begann eine Erfolgsgeschichte, die in der Gastronomie ihresgleichen sucht. Mein Team, das bei der Eröffnung 32 Personen umfasste, musste ich in den folgenden beiden Monaten auf 72 Menschen aufstocken. Münchens Tageszeitungen berichteten ebenso euphorisch über den gastronomischen Neuzugang wie alle wichtigen Hochglanzmagazine im deutschsprachigen Raum, und entsprechend groß war der Andrang. Es folgten zehn Jahre ungebremsten Wachstums, bis uns die Euro-Umstellung wieder etwas auf den Boden zurückholte. Aber auch heute noch muss sich in meiner internationalen Crew niemand Sorgen um seinen Arbeitsplatz machen, und am Abend ist der Andrang oft so hoch, dass ich Gäste ohne Reservierung zu meinem größten Bedauern wieder nach Hause schicken muss.

Das einzige Problem, das mir noch für längere Zeit blieb, war das Spülpersonal. Für eine Weile löste ich es, indem ich auf der Straße ein paar junge Iren ansprach, ob sie sich nicht ein Taschengeld verdienen wollten. Sie wohnten bis dahin auf dem nahe gelegenen Campingplatz, waren sofort begeistert von der Idee und zogen schon ein paar Stunden später von ihren Zelten in einen Wohncontainer hinter dem Restaurant. In der Küche machten sie einen anständigen Job, aber ihrer Unterkunft durfte ich mit meiner empfindlichen Nase nicht zu nahe kommen, denn von den angebotenen Duschen in unserem Haus machten sie nur selten Gebrauch. Als sie gegen Ende des Sommers in ihre Heimat zurückkehrten, fanden wir gottlob anderes Personal mit mehr Sinn für die Körperpflege.

Die Sehnsucht nach Asien oder einer anderen Karriere im fernen Landen hat mich nie wieder gepackt. Seit einem Vierteljahrhundert ist das »Mangostin« nun Dreh- und Angelpunkt meiner Arbeit, meiner gastronomischen Ideen und meines gesellschaftlichen Lebens. Vorsichtig geschätzt, dürften etwa drei Millionen Menschen in dieser Zeit das Restaurant besucht haben, vielen Tausend habe ich in meiner Kochschule die Zubereitung asiatischer Köstlichkeiten beigebracht. Die Liste meiner Gäste reicht vom Exbundeskanzler bis zum Fußballprofi und vom Opernstar bis zu internationalen Filmgrößen, und täglich kommen neue, interessante Menschen dazu.

Vieles hat sich auch bei mir persönlich verändert. Es ist nicht nur mein Gewicht (40 Kilogramm mehr auf der Waage), sondern auch der Wandel vom engagierten Frauenvernascher zum begeisterten Familienvater. So wichtig mir das »Mangostin« nach wie vor ist, so sicher weiß ich auch, dass den größten Platz in meinem Herzen meine Frau Claudia und meine beiden Kinder einnehmen.

Gerade diese Veränderungen machen mir aber auch bewusst, wie bedeutend ein paar Konstanten in meinem Leben sind: treue Freunde, auf die ich mich immer verlassen kann, mein Geschäftspartner Roland Kuffler, der nach eigener Aussage selbst nicht einmal eine Tasse Kaffee kochen kann, aber ein untrügliches Gespür fürs gastronomische Management besitzt und damit ein beeindruckendes Imperium vom Wiesnzelt bis zum Luxushotel aufgebaut hat. Und nicht zuletzt mein Team im Restaurant, das für einen großen Teil des Erfolgs mitverantwortlich ist.

Als ich 1989 nach 15 Lehr- und Wanderjahren wieder in die Heimat zurückkehrte, dachte ich, dass nun schon ein wichtiger Teil meines Lebens hinter mir läge. Heute weiß ich, dass es mit der Geburtsstunde des »Mangostin« eigentlich erst richtig angefangen hat. Die tausend Geschichten um die Menschen, die dort ein und aus gegangen sind, vom kleinsten Angestellten bis zum prominentesten Connaisseur, die rauschenden Feste und peinlichen Pannen, kulinarische Höhenflüge und menschliche Unzulänglichkeiten – all das hat mein Leben unendlich bereichert, und ich möchte Sie, meine lieben

Leser, nur zu gerne daran teilhaben lassen. Aber das ist Stoff für ein weiteres Buch, das ich mit Vergnügen in den Stunden schreiben werde, wo ich am Herd des »Mangostin« nicht allzu dringend gebraucht werde.

Rezepte

Reisauflauf à la Mama	Seite 13
Kartäuser-Klöße mit Weinschaumsoße	Seite 15
Das perfekte Omelett	Seite 24
Berner Rösti	Seite 35
Züricher Geschnetzeltes	Seite 36
Eis-Soufflé mit Grand Marnier	Seite 39
Tom Yum Goong	Seite 43
Soufflierte Passionsfrüchte	Seite 53
Saumon sauvage mariné	Seite 66
Lamm-Tajine mit Datteln	Seite 72
Ouzi	Seite 80
Mouclade »La Rochelle«	Seite 91
Arepas	Seite 104
Gai Hor Bai Toey	Seite 125
Tomatensugo	Seite 131
Torte Pavlova	Seite 177

Bildnachweis

Seite 88: getty images; alle anderen Bilder privat.